U0075083

晨讀10分鐘 生涯探索故事集

【中學生】

何琦瑜 主編

目錄

PART 1 家的召喚

從愛出發的旅程

PART. 2 連結的必要
從小我到大我的勇氣

PART. 3 深度的喜悅

從天賦到天職的承諾

主編的話

踏上自己的英雄旅程

文—何琦瑜

十二年國教時代，拿掉了考試入學的關卡，「生涯探索」將被迫提早上場，成為未來基礎教育的關鍵字。

可惜的是，目前學校或家庭，談起生涯探索，多半直接進入「未來做什麼工作」的選擇，以及這類型工作所需「技能」的培養。學校從很早開始就變成了「職業預備所」：成績好的學生，生活最遠大的目標就是拚名次上明星高中大學，為的是「以後找個好工作」；成績不理想的孩子，就在國二開始以「生涯規劃」之名，被迫分流。還是懵懵懂懂的年紀，就要被匆匆忙忙的塞進十七個職業學群的框框裡。

彷彿一切的「學習」和「教育」，都是為了某個「高尚」的職業準備著。

二〇一二年底，科技教父張忠謀感嘆現代年輕人缺乏理想、抱負，是當前人才最大的問題。這真是令人錯愕的諷刺！整個教育體系集眾人之力，在孩子們應當理想高漲、熱血爆漿的青春少年時，告誡他們「不要想太多，一切等考上學校再說」；分分計較的PR值、錯一題掉一個志願的升學生態，壓抑著少年們對理想的探索與自由。但當孩子們照著成人如此「務實」的教訓長大，社會怎麼又開始責怪他們沒有理想、抱負了呢？如果學校教育、父母的思維，都在鼓勵學生短視近利，憑什麼，我們能期待長大後的他們，可以收割出「深刻的理想」？如果我們的教育「問錯了問題」，又怎麼能期待「對的答案」？

「如果你進到一個典型的課堂裡，去聽聽老師都在囑咐學生做些什麼。你會聽到大量的作業分派、考試的指示，以及一連串狹隘、工具性的目的，像是：在班上表現優異，以及避免失敗。但你很少聽到老師和學生討論任何一個可能會帶他們到更寬闊視野的目的之質問和思考：為什麼人們要讀詩？為什麼科學家要分裂基因？為什麼我要這麼努力成為老師？」史丹佛大學教授威廉．戴蒙（William Damon）在《邁向目的之路──幫助孩子發現生命的召喚》一書特別強調，只追求短期動機的教育，讓愈來愈多年輕人感到生命漂浮，「似乎不想下決心去做任何事情」。戴蒙長期的研究和觀察發現，在當今競爭激烈的全球化環境中，決定年輕人是否能成功、幸福、滿足的關鍵，不在於為職業預備知識與技能，而關乎「有無長期的、清晰的生命目的感」。

比「職業」更重要的事

「生涯探索」的教育，最重要的不是問「未來要念什麼學校、做什麼工作」，而是應該激發孩子去思考更基本卻重要的問題：自己是什麼樣的人？未來想成為怎麼樣的人？如何發揮自己的專長、追尋一個有意義、幸福且滿足的人生？然而這段探索的旅程，對於大人和少年，其實都是陌生的。

因此，在二〇一三年，《親子天下》雜誌特別企劃蒐集了五十個人物故事，分享他們「追尋意義的旅程」。我們也同時收錄了其中二十三篇文章，作為和少年讀者分享的「晨讀十分鐘——生涯探索的故事」選集。

透過這些精采多元的經歷，我們希望分享的，是「旅程的力量」，而不是「終點的成功」。就如同著名的領導學專家約翰．麥斯威爾（John Maxwell）對成功的定義：幾乎所有人都認為，成功就是實現夢想，但其實真正的成功，是朝著夢想所努力的種種行為。

找到人生意義的三個必要

在生涯探索的歷程中，什麼是華而不實的夢想？什麼是意義深刻的召喚？根據戴蒙教授的歸結，必須基於三種條件：一、自我探索：對自己的能力有真實的了解；二、與他人的連結：知道這些能力可以從什麼角度來服務世界的需要，能夠帶給他人幸福；三、深度的喜悅：運用自己能力服務世界的時候，即使面臨挑戰和困難，也會感到深度的喜悅，而不只是表淺短暫的快樂。

此次二十三個人物故事裡，不同的旅程，卻都或多或少呼應這三個要件。極少數人天縱英明，很早就看見自己的天賦；多數人的人生目的，是被「他人的需要」召喚而來。

在歌唱比賽中爆紅的蕭敬騰，從小深受閱讀障礙之苦，真的「讀不懂書」。屢戰屢敗的挫折讓他走向自我放棄的叛逆。別人眼中的壞小孩，卻受到少輔組大哥哥的重視與陪伴。他們信任蕭敬騰的音樂天賦，買了一套爵士鼓讓蕭敬騰在少輔組表演和教學，這個問題少年因為對他人的付出，竟然得到市政府表揚為「善心人士」。這樣的溫暖和鼓勵，讓蕭敬騰重新在音樂中找到自己的價值。（見一九一頁）

原本不甘在女性居多的護理圈擔任男護理師的李彥範，在照顧病人的辛苦與回饋中，體會了護理人員的尊嚴與意義，讓他願意承諾，做個更好的「男」丁格爾（見一四五頁）。許多故事讓我們看見，連結、服務別人的需要，是「生涯探索」必要的經歷。

天賦，更需要承諾

有天賦的孩子，更需要學習付出與承諾，才能體會通過挑戰之後的深度喜悅。

在此次的人物故事裡，不論十五歲就決定自己要當迪士尼動畫師的張振益，或是當代深具影響力的天才數學家丘成桐，都付出過雙倍的努力，遭遇過足以讓人放棄的痛苦。

數學家丘成桐花了六年的時間，冒著要退出數學界的風險，反覆證明「卡拉比猜想」，張振益曾經為了證明自己可以做動畫，在五專畢業前每天只睡兩、三個小時，自己完成了一部動畫短片，最後得到金穗獎第一名，才讓他看到「生命的出口」。

最終，不是天賦，而是毅力與承諾，讓他們達到巔峰。

希望這二十三個故事，有機會開啟家庭與課堂裡，關於「人生意義、目的」的討論。也希望這些多元而有意義的人生風景，幫助焦慮的父母成人們，面對孩子時，得以擁有多一份的從容。也願我們都能更有智慧，幫助每個孩子，走上自己的英雄旅程。

李泳宗
程薇穎
邱于芸

PART. 1

家的召喚

從愛出發的旅程

母親是影響我人生最大的人，
如果不是她的支持，我大概也不會走上舞台這條路。
即使很長一段時間三餐不繼，我也不曾想過放棄自己，
我相信，那就是媽媽的愛，為我帶來了力量……

——林美秀

陳建州 程智勇 吳沁婕

你無法想像的他都遇到了，
父母離婚、苦孩子讀私校、隔代教養、父親空難、喜歡籃球卻不能打球，很荒唐的人生。
所有經歷加起來，結局很可能是變壞，
但他沒有，只想讓自己更好。

—— **陳建州** 知名藝人

爛命一條就要更熱血的活

知名藝人——陳建州

我有一個哥哥一個妹妹，父親在華航擔任座艙長，母親在國泰人壽做保險。小四那年父母離婚，監護權判給媽媽，她希望我們受到好一點的教育，所以送我們到私立立人小學，她努力的賺錢，希望我們長大以後離成功比較近一點。

被丟進立人很恐怖，光學費就很困難，三不五時還要交一些費用，營養午餐、買教科書、校外教學等。我們的畢業旅行是去夏威夷跟東京這種行程，都是自費。我的學費經常是全班最後一個交，媽媽要標會才繳得起，這在私立學校是很難發生的事情。其他小孩可能會覺得我好好的幹嘛讀這個學校，可是我並不覺得羞愧，我從小就滿了解，未來我就是要努力，讓自己變得更好。可是當下同學那種冷嘲熱諷都會來，你也不能回家跟媽媽講，因為拉保險就是每天接受最多負面跟拒絕的行業，夠辛苦了，如果我回家再跟她講，我要這個那個，她會有多難過。

所有的夢都是籃球 減重強身就想選上中華隊

後來在台北生活很困難，我小學畢業那年搬去中壢外婆家住，國三那年又搬回台北跟爺爺奶奶住，轉進金華國中，加入籃球隊。今天我如果有一點點成績，或正面的人格發展，都是因為籃球。很感謝啟蒙教練鄭金城帶我接觸籃球，那時很苦，一開始什麼都不會，到高中慢慢覺得好像可以用籃球升學，因為體保生可以體育加分，選上亞青國手還可以用籃球賺錢改變生活。

鄭教練非常嚴格，換做現在是每天都可以上新聞那種管教方式，沒達到他的要求就一巴掌下去，哇，耳朵嗡嗡嗡，只差沒聾而已，我很感謝有這段磨練，讓我從小就有「卓越的靈魂」（笑），比起同年齡的人我的韌性比較強。我很適應球隊的團體生活，從小就很喜歡跟朋友在一起，有種安全感。

國、高中最巔峰曾經胖到一二〇公斤，一開始打籃球單純是為了減肥，跟增加異性緣。因為胖，我只能打中鋒，站在禁區搶籃板，做防守跟犯規這些垃圾工作。後來發現中鋒是拿不到情書的，通常拿情書都是很瀟灑的前鋒、後衛，打球很帥，所以努力減肥轉型當小前鋒。減肥要堅定克制飲食，對我來說很困難。爺爺奶奶很放縱我吃東西，添飯都不要很多啦、尖尖的而已（笑），我又超愛喝可樂，得過松青超市喝可樂大賽冠軍。那時我每天吃一顆蘋果，到了中飯時間就到走廊，看著遠方吃蘋果，因為實在太餓了。同學很賤把便當端出來在我旁邊吃，雞腿香一直飄過來。隊友跑三千，我就跑五千；人家練到七點，我練到九點，鐵了心要把速度練起來。

我這麼愛籃球，是因為其他的我不會。功課超爛念體育班，夢想是要當球星。後來體重從一二〇減到九〇公斤，滿佩服自己。減重後發現自己好像是塊打球的料，跟同齡的比好像還不錯，就設定目標想選上中華隊。

▲ 爺爺的愛讓陳建州決心改變自己。

一瞬間失去爸爸　爺爺的愛讓我走在正道

高二時很想力爭上游，某天練球回家九點多，澡都沒洗躺在床上睡著，妹妹突然叫醒我說爸爸出事了。華航有架飛機在名古屋出事，爸爸好像在飛機上。看著NHK上的死傷人數一直攀升，看到爸爸在機組員名單上，那晚我沒有哭，只是一片空白。家裡電話一直響，對爺爺奶奶造成很大的驚嚇，爺爺很自責，以為是自己做錯事被懲罰或者被詛咒了，隔天哥哥跟我去日本認屍。

父親過世我的情緒沒地方發洩，到處鬧事，竟然打到立法院駐衛警，被告上法院，傷透了爺爺的心。爺爺在我背後對法官說：「養子不教父之過，他父親不在，就是我的過錯。法官大人我跟你下跪，你判輕一點好不好？」那一刻我覺得自己是個廢物，決心要改過讓自己變得更好，那年我選上亞青國手。後來靠保送上文化，我沒念體育去讀觀光，因為體育人出來就是走學校當教練，不適合我的個性，也想多學一點，萬一打不了球還可以用得上的專業。

從小沒有父母陪在身邊，幫忙規劃人生、分享挫折，我們只能獨立的面對人生，自己做決定。從高中開始我被職業隊選做練習生，就不拿家裡錢，還把球隊發的營養金拿回去給爺爺奶奶，心想多少補一點爸爸的份。我這些經歷全部加起來最有可能的是變壞，飆車去混，但我沒有資格變壞，因為想要動歪腦筋的時候，浮現的是爺爺的臉。

人生崩盤　韌帶斷裂終結一輩子的夢

大二那年有職業籃球聯盟ＣＢＡ，加入球隊是我的夢想，因為參加者不可以有學生身分，所以大二決定休學馬上入伍，退伍後才能進球隊。我入伍了才告訴爺爺，他滿氣的，覺得大學沒念完很可惜，但又知道我想打球，他不諒解但也有說不出來的支持。誰知道，二十一歲退伍那年，ＣＢＡ垮台，夢想的舞台突然沒有了，非常崩潰，因為我真的只會這個，成長的黃金階段都奉獻給籃球，現在什麼也來不及了。

為了維持身手，也打零工賺些錢，受聘到新加坡打球，在一場球賽中我的大腿被對方洋將直接壓斷，左膝蓋十字韌帶斷裂。沒想到在新加坡迎接我的竟然是受傷，斷送運動生命的比賽。我努力復健要回球場，大概恢復六、七成時，只是去市民大道打個街頭籃球，同一隻腳的韌帶又斷，這是看不見的、乘以好幾萬倍的崩潰。我不知道為什麼老天爺要對一個這麼愛籃球、這麼努力從不偷懶的青少年下一個這麼殘忍的決定，那時看什麼都很灰色。

後來，高中認識的大小S跟阿雅（藝人）把我介紹給偉忠哥（電視製作人），他看我個性也很幽默開心，叫我跟著他學東西。我驕傲的覺得還是個球星，還在復健等待上場，不會在演藝圈待太久，偉忠哥跟我說，你就像個從小夢想進宮當太監的清朝孩子，下定決心把寶貝割了，隔天就民國了。這番話把我重重打醒。

後來在二〇〇二年我跟世界展望會去馬拉威，看見每三．九秒就有一個孩子餓死，而我們明明是活在同一個地球，當下決定自己當藝人不是要追求綜藝天王或主持一哥，而是要做最有影響力的人。二〇〇八年金融海嘯，大環境低迷、很多人自殺，我花三年半拍攝Love Life紀錄片，藉由片中三個癌末孩子的故事，推廣珍愛生命的概念，因為世上真的沒有比生命更重要的事情。後來臉書和微博有很多迴響，本來要自殺的人去急診室當義工，把生命力量灌輸到他們生活中。

我每年把時間留給展望會做公益，從〇二年一直到一二年，我一直持續的做。另方面也有人攻擊我沽名釣譽、中飽私囊，批評謾罵沒停過；我只能說，上帝知道就好了。就像打拳一樣，出重拳才能把對方擊倒，我現在做公益，有人脈有資源有人支持，就是可以出重拳、最有影響力的時候，幹麼不做？

在展望會認識范范（歌手范瑋琪，現為陳建州妻子），接觸上帝，看聖經再回想，發現我的經歷全都是安排好的。上帝在給我一個訓練，讓我有真正卓越的靈魂，堅定的去面對做公益的心。我並沒有真的離開籃球，而是用另一個身分幫籃球行銷。而我擁有在運動界跟綜藝圈的一些影響力，是為了讓公益的訊息更快傳遞出去，影響更多的人。

我沒什麼特別的代表作，但臉書上的粉絲人數不少，他們不是因為看我節目或演

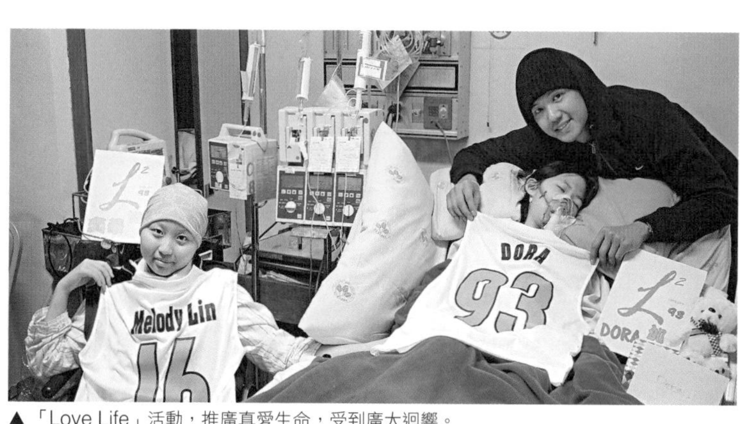

▲「Love Life」活動，推廣真愛生命，受到廣大迴響。

藝工作喜歡我，而是因為我的誠懇、做每一件事情的態度，給我按讚。我看過太多年輕人一時挫折被旁人誤解，放棄自己走偏掉，非常可惜。我喜歡分享自己的故事，從小就在逆境，還能不逆流而上嗎？成功不是以金錢來衡量，人格發展才是一切的根本。

我不是很早就知道自己是怎樣的人，這要時間，但不嘗試就等著喝西北風，因此很有 just do it 的精神。不嘗試永遠不知道自己適合做什麼，開始去做就對了。今年我念過的四個學校都頒榮譽校友給我，我想是因為他們看到我持續堅定的在做公益。我有時間就回金華母校，今年送了一位優秀學弟到美國高中讀書打球，也把自己投資的運動裝備、服裝品牌帶回去給學弟，我有責任跟使命支持他們堅定的走下去。如果十字韌帶沒斷，我絕絕對對還是在球場上，人生若可以重來，我仍然要當球員。

我的人生就是零預算，如果父母親是資產我連這個也沒有，爛命一條是種動力，至少要證明我不是只有那樣，我一直很熱血的活著。生命本來就是一直影響著生命，生命教育這堂課最難上，我只是提早上到。等到上天堂那天，上帝不會問我收入多少、廣告代言多少、開什麼車，而是問：「你曾經幫助過多少靈魂？」我至少可以驕傲的說，不多啦有幾個。這樣就夠了。

（採訪整理・李宜蓁　攝影・黃建賓　圖片提供・傳奇星娛樂／摘錄自《親子天下》第四十二期）

人物看板

今日人物：**陳建州**

- 6 年級生
- 藝人
- 因皮膚黝黑而擁有黑人的綽號。
- 18 歲時曾被選為籃球國手，後因受傷放棄球員生涯，轉往演藝圈發展。
- 超級籃球聯賽開打首季，擔任台灣啤酒籃球隊副領隊兼行銷總監，成功的行銷使台啤成為超級籃球聯賽中球迷最多的球隊。
- 2002 年擔任世界展望會代言人，前往馬拉威，看到飢餓的孩童，受到很大的震撼，當下決定要做一個有影響力的人，從此投身公益活動。

非常任務：

2008 年，與范范一同發表花 3 年半時間所拍攝的 Love Life 公益紀錄片，片中藉由三個癌末孩子的真實故事，推廣真愛生命的概念，受到廣大的迴響，引起一股「Love Life」活動風潮。

人物觀點：

我不是很早就知道自己是怎樣的人，因此很有 Just do it 的精神，不嘗試永遠不知道自己適合做什麼，開始去做就對了！

10 分鐘，生涯想想：

- 你覺得自己是個什麼樣的人？
- 哪些事情是你真正關心的？
- 承上題，為什麼你會關心這些事情？

延伸閱讀

「LOVE LIFE 紀錄片」傳奇星娛樂有限公司發行。

程智勇

從小害羞寡言，長大後卻開了「互動式」餐廳，
滔滔不絕分享佳餚如何從產地到餐桌；
幾乎不出國，也很少到台北的他，憑著廚藝吸引各國人士走進宜蘭鄉間。

—— **程智勇** 創意料理主廚

料理台就是我的玩具

創意料理主廚──程智勇

如果老天爺讓你選擇最後一餐，你會選什麼？我最想吃媽媽做的兩道菜。第一道是薑絲肉湯。小時候我身體不舒服，喝了媽媽特地做的薑絲肉湯，身體就暖和了起來。另一道是肉羹，這道菜也很簡單，就媽媽用自己釀的醬油，肉抓一下、醃一下，加上我爸爸自種的高麗菜、香菜、筍子，任誰吃了都會迷上。

小學二年級，我就開始做菜了。做菜對我而言有一種莫名其妙的魅力，像是一種創作，而且還可以和人分享。小時候吃飯都儘量家人到齊才開動，就是希望大家分享食物。在那個不富裕的年代，食物除了是營養來源，也是全家歡聚的觸媒。

家裡務農，爸媽得下田，所以媽媽把飯菜煮好就放進電鍋保溫，偏偏我不喜歡一再炊蒸的食物，就自己動手煮菜。雖然做得不怎麼樣，但姊姊們還是很鼓勵我，也讓我樂此不疲。以前廟口辦流水席，家裡請客，媽媽掌廚，我也會在一旁當「水腳」（台語，幫手）。

剛出社會那一年，爸媽幫我在農會找了一份工作，負責蔬菜的管銷配送。我做了三個月以後，還是跑去飯店當學徒了，薪資只有原來的一半。我工作的飯店從早上六點半的早餐到凌晨三點鐘宵夜都供餐。在我那個年代，都覺得牛排是夢幻食物、很高級，所以就去學西餐。我的班雖然是是中午十二點到晚上九點鐘，但我都提早去，去看早餐怎麼做、宵夜怎麼做，回家只有睡覺。搞得爸媽都很擔心，這小孩子到底是在學東西，還是在玩？會不會學壞了？還打電話到飯店去關心我到底有沒有在工作。

當鹽巴不再是鹽巴

那段期間，我遇到一位法籍主廚，改變了「中規中矩」的我。有次我想做甜點，就去要威士忌來做裝飾甜點的醬汁。主廚在冰箱找了找，拿了一罐可樂給我，說了一句：「廚房裡只要能吃的都可以是食材。」一般可樂不是拿來喝就是拿來滷肉，他完全跳脫的思維，當下就打開了我的眼界。鹽巴就不只是鹹的味道，糖就不只甜而已。不同的糖放在不同的地方，就會有不一樣的味道。鹽巴也是一樣。像煮綠豆湯時，若加上些許的鹽巴會比較潤，以免吃了太甜太膩。

後來我到一家頂級的私人招待所工作。那是我很懷念的日子，完全沒有預算的壓力，只要把菜做好，並強調「做菜的人要愛吃、會吃，才懂得美味」。來到招待所的客人眼界、品味都很高，大大增長了我的見識，我花很多時間去做不同層次的揣摩。

有次我做了味噌湯，招待所的執行長喝了後說：「觸感不好。」一般人評味噌湯不外乎湯頭太鹹、味噌不夠、魚不鮮美，但味噌湯和「觸感」有什麼關係？我不覺得他是雞蛋裡挑骨頭，很認真的去思考，後來想到日本人是用漆器盛味噌湯，會不會是和器皿有關？於是一連換了不同的碗，果然器皿會影響味道。

就這樣一步一步學做菜，然後又愛做菜，想法就來了。以前還沒有小孩的時候，我休假都會去上課，什麼課都上。不斷的刺激就會不斷去思考，也許法國的甜點超甜，不適合這裡，但和世界連在一起，有新的思維進來，就可以創造新的感受。

▲ 程智勇從小熱愛作菜，把料理台當作自己的舞台。

有愛心，味道就是對的

雖然在西餐的學習開了眼界，但家鄉還是我所有養分的來源。

我們八個兄弟姊妹的感情非常好。我剛開店時，也從事烘焙業的哥哥提供我最好的食材，我妹妹甚至不支薪的歇店一個月到我這兒幫忙。因為熱愛故鄉，慢慢的我就發現故鄉有很多很好的東西，加上長期浸淫，就增加更多在地的元素。剛開始鐵板燒以肉類為主，但在地有這麼多好的海鮮，所以我就開始引進。到現在，除了海鮮，還有在地蔬果。我們宜蘭的食材這麼好，怎麼可以不好好利用？我常利用我媽媽釀的醬油、蔬菜，或我爸爸種的水果，讓食物都有家鄉的味道。

我有一種莫名其妙的熱忱，只要菜出來了，就會想分享食物背後的故事、味道在哪裡？現在做互動式鐵板燒，每天每餐都要講食物的故事給客人聽，如果我高中老師來，肯定會說我完全變成另一個人。我以前被叫起來唸課文，同學都覺得奇怪，你的書都跟我的不一樣嗎？為什麼字都對，但順序都不對。因為我會緊張，緊張到課本上寫文化接力，我會講成接力文化。

我的餐廳想提供一個像家一樣溫馨的環境，希望客人一出雪隧，看到蘭陽平原，想到美食就想到我，來這兒吃飯就有回家的感覺。食物讓人愉悅，只要保有給家人吃的心意，那味道富含著愛心，味道就是對的。我常常覺得自己好幸福，因為我的工作可以和生活、興趣結合，我的料理台就是我的舞台、我的玩具。

朋友常笑我的工作就是：摸魚、喝酒、聊天。我最大的想望是一天只服務六個朋友，我們一起去買魚、摘菜、一起享受生活。下輩子，我還要當廚師。

（採訪整理・江美滿　攝影・黃建賓／摘錄自《親子天下》第四十二期）

人物看板

今日人物：**程智勇**

- 6 年級生
- 廚師（饗宴互動式鐵板燒主廚）
- 小學二年級開始做菜，出社會後從飯店學徒開始做起，之後開設互動式鐵板燒餐廳。
- 以新鮮食材，佐家傳手釀醬油、親釀各種醋飲等創意料理風格獨樹一幟。

非常任務：

因為對做菜的熱情與新鮮的堅持，每天都親自到南方澳挑選最新鮮的漁獲，漁人皆稱他「勇伯」。他認為新鮮不只來自海洋直送，還得經過他自己挑剔嚴格的把關。

人物觀點：

做菜對我而言，有一種莫名其妙的魅力，像是一種創作。我最大的想望是一天只服務六個朋友，一起買魚、摘菜、一起享受生活。

10 分鐘，生涯想想：

- 什麼是你生命中最重要的事情？
- 承上題，為什麼這對你是最重要的？
- 你覺得擁有美好的生活代表什麼意思？

她從小就與眾不同，無法遵守常規、東西亂到滿出來，
母親包容她的不同，姨丈指引她的未來，
二十歲她才知道自己是個過動兒，
意外的，這個「缺陷」也帶她找到最適合自己的人生道路。

—— **吳沁婕** 昆蟲老師

我過動，我的人生很美好

昆蟲老師——吳沁婕

從小我就告訴自己，我很特別，跟別人不一樣，而且我要快樂的過每一天。

我有個跟我一點都不像的異卵雙胞胎妹妹，她雙眼皮我單眼皮；她左撇子我用右手；她喜歡芭比我喜歡樂高；她是一個美美的小公主，而我是一隻靜不下來的過動小猴子。後來我可以跟她一起玩芭比，是因為爸媽買了個肯尼給我。我是個從小渴望帥氣的女生。

上學以後，你可以看到我位置附近東西很亂、亂到滿出來，坐姿歪一邊，腳會絆倒別人，即使穿裙子也會腳開開的很自在。媽媽說我忘東忘西，沒有時間觀念，作業忘記帶回家又忘記帶去學校，整理房間就是把東西從這個桌子移到那個桌子，或者直接從床上推下去。老師經常問我：「你身上有長蟲嗎？」

那時沒有「過動兒」的名詞，大家都以為我就是好動。媽媽是小學美術老師，從小給我很多空間做自己。小時候她喜歡把我跟妹妹打扮成一模一樣的小公主，有天她看我得穿裙子上台表演真的很不開心，下台就帶我去剪頭髮，允許我做一個穿短褲的帥氣女生。我可以跟男生玩在一起，也可以為了抓蟲把全身搞得髒兮兮，她說：「不要影響到別人就好。」學校老師一天到晚跟她告狀：「你女兒騎在男生頭上耶！」媽媽知道我在玩騎馬打仗，覺得沒什麼好大驚小怪，私下默默承受其他老師的質疑。

幸好有媽媽跟姨丈守護我

不過我無法遵守常規常常挑戰到媽媽的情緒。她是會把家裡打掃得一塵不染的萬能媽媽，我妹也可以很乾淨，她認為常規是只要要求自己就可以做得到，怎麼可能她這麼認真教，而我卻離正常標準那麼遠？她又是個學校老師，一天到晚要跟其他老師打躬作揖，請人家多多包涵。小學有一次我上課又一直講話打斷老師，媽媽知道以後像發了狂一樣打我巴掌，打到我一直哭，打到站不穩，躲到樹後面，她還不顧一切把我拉出來繼續打。

那次之後，她知道即使打死我，我還是這樣子，她慢慢的開始釋懷。

後來遇到了很多讓我媽想一頭撞死的狀況，都是姨丈開導她。姨丈是師大特教系復健諮商所所長王華沛，他是我從小最崇拜的偶像，因為他什麼都知道，像一本很厚的百科全書。他常帶我去野外，不管小花、小草、果實、大樹，沒有一個他不知道的，他還可以把植物講得很有故事，每次我都抓著姨丈問東問西，聽得津津有味。我很愛問問題，常被認為很難搞，劈里啪啦想問就問，「那你為什麼不……？」經常讓人覺得沒禮貌，其實是我不會修飾，遇到「願意好好回答我問題的大人」，我就超喜歡。因為姨丈的關係，從小就夢想長大當生態解說員，像他一樣把昆蟲介紹得很有趣。

我也常跟著姨丈去自閉症中心當義工，接觸很多特別的孩子。我本來就喜歡跟人相處，而且姨丈都是用正向語氣跟態度介紹他們，所以這些專有名詞對我來說一直都是正向的標籤。比如某個自閉症的孩子畫圖特別厲害；亞斯伯格就是很堅持、很有特色的人；過動則是很有熱情的。而且這些不理我的孩子全都好愛姨丈喔！當媽媽氣我為什麼東西都不收，姨丈會說：「能解決問題的辦法才叫好方法。」媽媽慢慢調整標準，不再要求我跟其他人一樣，希望我東西不要淹出門外，只要不影響到公共空間就好。當然要是重要的東西找不到，我還是得自己面對後果。

原來我是ADD！

過動讓我求學跌跌撞撞。我念松山高中時被留級，轉到東山高中遇到超嚴格的老師，高中差點念不完。在高三那年發現台大昆蟲系居然不考我弱掉的物理，還加重我最愛的化學跟生物，以後還可以完成夢想當昆蟲解說員，動機全來了，發憤讀書，差一分上台大昆蟲。後來，我先進台大農業推廣系再轉系，但是經常蹺課，大一結束差點被二一。

姨丈看著我的成績單，建議我去找林口長庚兒童心智科的醫師吳佑佑，因為他認為我可能有「注意力缺失症候群」。我把從小的問題一五一十講給醫師聽，她像善解人意的大姊姊，我好像遇到知己。第一次有人聽我說完所有問題還笑笑的說她都懂，好像我的每一個缺點都是標準答案，好像一切都有了原因。

二十歲那年，終於知道我是個過動兒。知道之後我還很開心，到處講「我是ADD耶！」，很得意的想幫別人。我可以這麼樂觀，其實是媽媽跟姨丈說我過動的時候都好像在稱讚我，我一直自我感覺良好，認為自己沒有什麼不如人。過動除了帶來挫折以外，我的人生還有更多快樂與堅持的部分。

後來我費了一番功夫轉進昆蟲系。大四到龍安國小上昆蟲課，講故事把小朋友逗得很開心，好有成就感，不但可以完成小時候的夢想，也彷彿看到小時候的自己。當我真正成為昆蟲老師，每天看著孩子，發現我懂他們為什麼笑、為什麼哭、為什麼受委屈，小小臉龐為何散發出光采。尤其到幼稚園上課，小朋友會衝過來熊抱我，左右大腿各兩隻，我好像有跟孩子相處的天分，尤其三歲還不太會說話的孩子會拉我的手，露出開心的表情，我們四目相接、一切盡在不言中，那種交流非常棒。因為我從小就知道，小孩上課喜歡聽什麼、不喜歡聽什麼，我很知道「怎樣不無聊」，因為我好

討厭無聊，這也成為我上課的特殊能力，不管介紹什麼，我都可以找到吸引大家的方式。

過動中的H（hyper）長大後帶給我很多正面的影響，我對喜歡的事情會拚命去做，活力比別人強很多。出書後我到處分享演講，我在台上講得很開心，台下的家長卻熱淚盈眶的看著我，才知道「過動」這兩個字對她們來說是多大的陰影。其實挫折是來自於對自己的不了解，而不是缺陷本身，如果我們可以接受自己的不完美，一切會輕鬆許多。我發現自己可以穿梭悠遊於大人孩子之間的世界，或者我其實還是個孩子。其實沒有人想要做不好，相信每個人都是獨一無二，才會找到快樂，為自己感到驕傲。

▲ 吳沁婕認為過動帶給她除了挫折外，還有更多正面的影響。

（採訪整理．李宜蓁　攝影．黃建賓／摘錄自《親子天下》第四十二期）

人物看板

今日人物：**吳沁婕**

- 7 年級生
- 昆蟲老師
- 台大昆蟲系畢業
- 受姨丈的影響，從小夢想當生態解說員，並在自閉症中心當義工。二十歲那年知道自己是個過動兒。

非常任務：

2012 年 9 月出版《我的過動人生》，是台灣第一本由過動孩子自己寫的書。出版後立刻雄踞博客來暢銷書排行榜。

人物觀點：

其實挫折是來自於對自己的不了解，相信每個人都是獨一無二，才會找到快樂，為自己感到驕傲。

10 分鐘，生涯想想：

- 你仰慕任何人嗎？
- 你有沒有人生的導師？
- 在這個導師身上，有哪些特質是你所欣賞的？

延伸閱讀

《我的過動人生》策馬入林出版。

林美秀從歌手的伴舞做起，轉戰劇場苦熬多年，
終於靠著喉糖廣告裡的孟姜女，一戰成名。
如今是偶像劇裡炙手可熱的媽媽人選，
成為紅花身邊最搶眼的綠葉。

—— **林美秀** 演員

綠葉做到極致也變「紅花」

演員——林美秀

其實，我是一個胸無大志的人。

這一點，我跟我媽媽很像，我們都沒有什麼「未來感」，但是「現實感」很強。我們不會去規劃未來，一切順其自然，很認分的做好該做的事，過好每一天的生活。

即使是站上了舞台，走上了表演這條路，我也從來不曾期許自己會成為一位偉大的演員。後來不論是「孟姜女」喉糖廣告大紅、憑著處女作「黑狗來了」拿下金馬獎最佳女配獎，或是在偶像劇中演出各種類型的媽媽，對我來說，其實都是意外的收穫。

堅持學舞　一封媽媽的信讓眼淚不止

說起來，母親是影響我人生最大的人。

如果不是她的支持，我大概也不會走上舞台這條路。

我的老家在宜蘭。就讀小學，班上有位女同學，家世好，人又漂亮，因為她會跳舞，就在教室前表演劈腿動作給大家看。我看了好羨慕，就跟媽媽要求讓我進「蘭陽民俗舞團」學跳舞。舞團的學費是每個月兩百五十元。在三十幾年前，那可是一筆不小的費用，但是媽媽還是答應了我的要求。

因為參加舞團，便有了出國表演的機會，但是旅費近四萬元。那時候，爸爸投資失利，欠了一屁股債，雖然媽媽當下拒絕了我想出國的要求，事後還是悄悄的幫我付清了旅費。

她還在我行李中放了一封信，交待我上了飛機再看，結果我一看就哭了。因為她在信中叮嚀我，跳舞歸跳舞，回家之後，還是要好好讀書。

不管再怎麼困難，也要讓孩子一償心願，這就是媽媽。在闖出名氣之前，即使很長一段時間都是三餐不繼，我也不曾想過放棄自己，我相信，那就是媽媽的愛，為我帶來了力量。

在舞台上，我以扮演綠葉為榮，也樂在其中。事實上，從第一份工作開始，我就是綠葉的角色。

高中我就讀國光藝校，因為學舞，高中時代就開始偷偷在餐廳秀伴舞打工。畢業後，我進了當時綜藝界很有名的「馬雷蒙舞團」，待了一年後，又在朋友的牽線下，成了藍心湄的專屬伴舞。因為藍心湄的身材很好，當她的伴舞，身材當然也不能太差，所以我也曾經一個星期不進油水，只吃雞胸肉，讓自己一口氣瘦了五公斤。

我跟了藍心湄十年，八年伴舞，兩年助理，也因此認識了演藝圈的生態。某一次飯局中，我認識屏風表演班的李國修導演，他覺得我有表演的潛力，力邀我參與他的新戲「西出陽關」。我以沒辦法背台詞為藉口推辭，李國修就給了我一個不用說台詞的角色，我只好抱著好玩的心情接下來。

老天給機會 從伴舞到為舞台劇救火

「西出陽關」大紅，還應邀到美國演出。原本扮演第二女主角的黃乙玲有事沒辦法成行，李國修派我上場代打。沒想到演出成績還不錯，加上當時台灣伴舞的環境愈來愈沒落了，我自然而然的轉型為舞台劇演員。

後來，老天又給了我另一次代打救火的機會。當時，屏風表演班有一部新戲「黑夜白賊」，女主角是一位六十歲的母親，第一人選是文英阿姨。不過她的價碼比較高，而且她才剛得了獎，想要休息，最後又是我來接演這個角色，而我當時大概才三十歲。「黑夜白賊」是我很喜歡的作品，不過，似乎從此就跟媽媽的角色結了不解之緣。

人生最低潮 最慘時身上只剩下十五塊

進入劇場的前八年，雖然在舞台上玩得很開心，卻也是我人生最低潮、生活最困頓的時期。從事劇場工作，收入很不穩定，有你的戲，你才有收入。那時候，排練一天，只有兩百元，正式演出，是一千五百元，可能一整年下來，我只有十場戲可演。

為了多賺一點錢，我除了演出，還兼作服裝管理。實在沒有戲的空窗期，就去接一些企業的活動案來維持生計。

最慘的時候，我身上只剩下十五元，要去國家戲劇院排戲，只夠坐一趟公車。我想把車錢留在回程時再用，去程就靠步行，一走就是五、六公里，而我只要排了戲，就可以領酬勞，還有便當可吃。平時，我經常都是靠白稀飯打發一餐。

在「屏風」時期，我又開始胖了起來。不過，當時為了煩惱生活都來不及了，根本沒有時間去想身材這件事，後來也就愈來愈習慣了。事實證明，只要你有實力，即使在以瘦為主流的演藝圈，胖胖的女生也有出頭的機會。

我不是科班出身的演員，我的表演來自生活的體驗，因此，那幾年雖然很苦，那段期間累積的人生歷練，對我日後的表演，卻有很大的幫助。

二〇〇三年，是我表演生涯中最關鍵的一年。

先是以孟姜女「小孟」一角，拍陳玉勳導演的喉糖廣告，一「哭」成名。後來又初次演電影，在「黑狗來了」，演歌舞團的團長，得到了當年的金馬獎最佳女配角。

剛開始，廠商是屬意狄鶯來拍這支廣告，但是掌鏡的陳玉勳跟我合作過舞台劇「黑道害我真命苦」，他認為我很有喜感，堅持要由我擔綱這個角色。

這支廣告拍得很快，下午三點開拍，晚上十一點就收工了。台詞雖然不長，但是我前後試了很多種說法和表情，沒想到最後剪輯出來的效果這麼好。播出後大為轟動，連我走在路上，都有小孩認出我是「小孟」。

不過，最大的驚喜，還是獲得金馬獎這件事。

入圍名單公布後，事先沒有任何期待的我，正在拍大愛的戲。有人跑來恭喜我，我還一頭霧水，直到確認自己入圍了，當場喜極而泣，趕緊打電話給母親報訊，母女倆熱烈的討論起頒獎晚會該穿什麼衣服。

真正上台領獎時，又是腦中一片空白，彷彿作夢一般。多年前，當我還在舞團伴舞時，曾經在金馬獎晚會的舞台上表演過，從來沒有想過，有朝一日會以得獎者的身分，站上這個舞台。

坦白說，我過去缺乏自信，因此，這麼多年來，一直安於扮演紅花身邊的綠葉，接連而來的這些肯定，總算讓自己變得比較有信心。即使喉糖廣告大紅，又拿下了金馬獎，我還是把自己定位於諧星，就是搞笑、逗大家開心。什麼是感人的表演，我仍然有點懵懂。

直到吳念真導演為我打通了任督二脈。

之前，我跟吳導合作過廣告。當他的「人間條件二」找我演出時，我原本很雀躍，可是看到劇本時，差點沒昏倒。我演的是一個七十歲的台灣阿嬤，經歷過二二八事件，角色貫穿了全場，台詞經常是滿滿Ａ４一整頁，等我把台詞背完，大概也只剩下半條命了。

我本來想推掉這部戲，但是劇團的工作人員再三強調，「吳導就是指定你演這個角色。」我只好硬著頭皮接下這項任務。

吳念真「調教」 原來林美秀可以演好悲劇

後來到排練場跟吳導見面，聽他講這個阿嬤的故事，他說故事的本事太高明了，聽得我感動不已。因為跟他合作，我才對表演的本質，有比較深入的理解，特別是聲音的使用。

吳導的戲非常重視聲音所傳遞的情感，聲音有感情，什麼都對了。在排練場，他都是閉著眼睛聽演員唸台詞，因為我們必須先感動他，才能夠感動觀眾。

我原本很討厭自己的聲音，覺得很難聽。在吳導的調教下，我才知道自己的聲音其實很有魅力。經過這齣戲的洗禮，我發現在擅演喜劇的林

▼ 林美秀在舞台劇上，找到不一樣的自己。

美秀底下，其實存在著另一個可以演好悲劇的林美秀。

而且，在體會了表演的本質之後，我開始能夠分析表演；面對舞台劇、電影、電視劇等不同的舞台，我知道該呈現什麼樣的表演方式。即使當我在眾多的偶像劇中演媽媽，我也要求自己，把每個媽媽的角色都演得不一樣。

對於人生，我不會想太多，也不會強求，順其自然最好。但是，該做好的事情，還是要盡力，我一直這麼相信著。

在演藝圈，很多人都想當紅花。但是，紅花通常開得快，謝得也快，綠葉卻是生命力旺盛，可以活很長的時間。這麼多年來，我盡力扮演稱職的綠葉。而讓人意外的是，當你把綠葉的功能發揮到淋漓盡致，反而吸引眾人目光，變成了另類的「紅花」。

（採訪整理．謝其濬　攝影．曾千倚／摘錄自《親子天下》第四十二期）

人物看板

今日人物：**林美秀**

- 5 年級生
- 演員
- 國光藝校舞蹈科畢業，早年為歌手專屬伴舞，後轉型為舞台劇演員。
- 代表作有舞台劇《人間條件》系列、《花季未了》、《清明時節》；電視劇《命中注定我愛你》、《敗犬女王》、《我可能不會愛你》等。

非常任務：

曾獲得金馬獎最佳女配角、亞太影展最佳女配角以及金鐘獎迷你劇集／電視電影女主角獎。

人物觀點：

很多人都想當紅花。但是，紅花通常開得快，謝得也快，綠葉卻是生命力旺盛，可以活很長的時間。這麼多年來，我盡力扮演稱職的綠葉。而讓人意外的是，當你把綠葉的功能發揮到淋漓盡致，反而吸引眾人目光，變成了另類的「紅花」。

10 分鐘，生涯想想：

- 你認為當個好人代表什麼意思？
- 如果有一天回顧你的一生，你會希望自己如何被記憶？
- 你會希望人們記得有關你的哪些事情？為什麼？

李泳宗

自行研發風車發電機，
沒有相關背景，全靠土法煉鋼、無師自通，
風車自己設計，連製作風車的工具也自己打造，
目前研發到第六代風車發電機，
已可供一般家戶每月用電量。

—— **李泳宗** 風車研發者

故鄉的風，夢想的動力

風車研發者——李泳宗

八年前我開始製作風車，現在做到第六代，朋友說我不是風車達人，而是風車狂人了。你如果到嘉義縣布袋鎮新岑國小附近的台十七線上，看到路旁的三個風車，就是我做的。

風愈大，我家的電愈多，我們家電錶常愈走愈慢，有時候風大到一個程度，電錶還會倒轉，多餘的電我就阿沙力的送給台電。我做的風車就是小型發電廠，要提供給一般家庭每月用電是綽綽有餘。

我會做風車發電，都是自己再突破的。我少年時讀自動控制，畢業後出外打拚，待過台北的電子廠、高雄的汽車公司，後來覺得還是故鄉較溫暖，就和家人一起開汽車維修廠，頭幾年生意很穩，沒有小月，但是SARS前後那陣子起，國際原油價格一直漲，汽車業受影響，連我們家的汽車維修廠也感受得到，當時我開始萌生走新途的想法。布袋什麼沒有，風最多，風力發電的想法一出來，我就開始去做。

第一個風車七天就被吹落水底

一開始以為應該滿簡單的，用汽車的發電機原理，搭配汽車零件、鐵片，花半年完成風車，高高興興的架上去。才七天，整台風車就被吹落水底，柱子斷掉，整組報銷。朋友看了哈哈大笑，但我覺得這經驗很好，要感謝那陣風，讓我早早就知道問題在哪。

這之後，我把材料由鐵片改為玻璃纖維，比較安全、不會生鏽，也掌握風切的角度，讓微風時也能有發電量。每一代都進步一點，到現在的第六代風力發電機，共有上千組零件，高十二公尺，每月最多可發電四百五十度。

為了省錢，小至零件大到怪手，我統統DIY。我買車床，自己做各種尺寸的零件。你問我怎麼會用車床？其實還不簡單，弄壞幾把車床刀就會了！我去資源回收場挖寶，收集好材料，鐵仔黏一黏就是隻怪手吊臂，再裝到我的貨車後頭，等到要挖洞裝風車時，就用自己的怪手去挖。

講到怪手，我記得小時候很愛看怪手，曾跟媽媽說：「我長大要做出一台怪手。」結果我真的做出來了！從小我對機械有興趣，小學時桌上是課本，抽屜是一堆工具，五年級開始拆摩托車，還每天複習，今天拆到這再裝回去，明天繼續拆，就這樣一步一步拆進去。國中時，我的課本全都畫些汽車構造圖，國二還拆爸爸的汽車，他很開明，只希望我最後要裝回去，車子還可以動就好。我的父母親都是做養殖漁業，沒接觸過機械、維修相關領域，不過他們對我真的很放心，讓我盡情的拆汽車，只要求我考試不准吊車尾（笑）。

於是我就從汽車的蓋子、皮帶一路拆到引擎裡，有一次我把零件裝回去後，發不動，心裡想說慘了！但爸爸居然也沒生氣，帶我去問修車師傅，師傅一看就說：「正時皮帶沒對準啦！」後來我才知道，那原理是高職才有教，正時皮帶要對準，引擎才能發動，而且不是用皮帶的記號，要用車子本身的記號，難怪我那時怎麼對也對不準。

後來我去台南讀新營高工，閒暇時間在我們家蓋了間工作室，村裡的阿伯阿嬸摩托車壞了都牽來我這修理，算是賺外快。學校畢業後，我去汽車保養廠工作，鈑金師傅看我什麼都想摸，就教訓我：「小孩子學那麼多幹麼，專精一樣就好了！」可我沒理他，汽車的鈑金、引擎、烤漆我都學，我認為學到精髓、眉角最重要，至於純熟的手工，花時間就可以了。

當環境有所限制時，要找方法克服，像我們布袋沒有錢、但有風，反而激勵我去做風力發電。做到現在，我覺得風力發電是可行的，我還發展了腳踏車發電機、荷蘭風車式發電機、家戶屋頂的垂直軸發電機，風力發電就是我未來要走的路。

有些人會限制自己，說這個不會，那個不行，其實我當初也不會做風車，可是沒做怎麼知道會不會？我就去體驗、嘗試，讓我學到更多。與其說環境限制人，不如說是環境在創造人，在困境的地方常激勵一些人才冒出來，你說是不是？

（採訪整理．楊鎮宇　攝影．楊煥世／摘錄自《親子天下》第四十二期）

人物看板

今日人物：**李泳宗**

- 6 年級生
- 嘉義布袋風車達人和布袋嘴文化協會理事
- 台南新營高工自動控制科畢業
- 原本經營汽車維修保養廠，靠著自己自學，設計及製作出能發電的風車。運用報廢車零件製作出第一代風力發電機。並不斷更新改良，目前已經進化到第六代。
- 在母校新岑國小帶著學生以塑膠罐廢物製作太陽能車以及縮小版風力發電機，成為校園特色教材。

非常任務：

以 DIY 的方式，小至零件大到怪手，全部自製，並自己設計組裝出風力發電機，最新的第六代，共有上千組零件，高十二公尺，每月最多可發電四百五十度，可供給一般家庭每月的用電量。

人物觀點：

有些人會限制自己，說這個不會，那個不行，其實我當初也不會做風車，可是沒做怎麼知道會不會？我就去體驗、嘗試，讓我學到更多。與其說環境限制人，不如說是環境在創造人，在困境的地方就會激勵一些人才冒出來。

10 分鐘，生涯想想：

- 你有沒有任何長期的目標？
- 如果沒有，為什麼會沒有目標？
- 如果有目標，你為什麼為選擇這個目標？

一本書上的一具屍體竟是召喚程薇穎人生夢想的起點，
從高中就對特效化妝著迷不已，她追夢的過程其實並不輕鬆，
面對質疑她從不動搖，相信只要真心喜歡，就沒有什麼可以擱得住。

—— **程薇穎** 特效化妝師

以假亂真讓人熱血沸騰

特效化妝師——程薇穎

最初見到特效化妝，我的眼前一亮，覺得這個東西好酷喔！

我還記得高中時看過一本書，書上有張照片是一具屍體，胸前還可以看見清晰的縫線，當時我幾乎以為那是真的。好多年之後才明白，特效化妝不但可以以假亂真，還能創造出佛地魔、阿凡達這些令人看一眼就忘不了的人物，真是讓我深深著迷。

我的性格中有一個黑暗的角落，或許來自於國中時期被同學孤立的隔絕感，也或許來自曾經被學姊堵廁所的恐懼。當時我每天都不想上學，到了校門口就開始鬧肚子疼，媽媽帶我看遍全台北的醫生，還是治不好我的拒學症。就算勉強進了教室，我大多數時間都在睡覺或發呆看窗外，一點都提不起興趣讀書。

不過在大學時期倒是有一門課，開啟了我對自己的認知，知道自己有能耐可以玩創意。那是元智大學張弘毅老師的藝術基礎課，老師很注重「感覺」，他要求我們在畫靜物時加入感情，同時放音樂給大家聽，鼓勵學生們用不同粗細的線條、或輕或重的筆觸，來表現「有感情的素描」，我真的愛死這堂課了！每次我都好認真的去想像、去創造。

老師還有一個有趣的作業，要我們想出同一件物品的一百種技法。舉個例子，我畫的是自己的腳，勾好外邊輪廓之後，我可能用線香在周邊打洞，也可以替它染色，或用錫箔紙撕貼，也可能貼上綠豆……太多的可能與太多的樂趣，讓我經常熬夜做到停不下來，作業本比人家厚了兩三倍。後來張老師告訴我，就畫圖技巧來說我不一定是最好的，但從我的作品中可以看出許多想法，建議我將來走創作路線。

詭異又奇特的設計深深吸引我

爸爸明白我的興趣在手工和創作，他看我大學畢業後整天無所事事，就提醒我，是不是該去找個有興趣的事來學學。當年那本書上的特效屍體又浮上心頭，那種詭異又奇特的設計可說是我的最愛呀！於是我向溫哥華電影學院（ＶＦＳ）提出申請，朝著夢想飛奔而去。

我想如果沒有當初那本書、沒有懂我的老爸和張老師，或許我到現在還在摸索與嘗試。

可是追夢的過程真的好辛苦，先要克服語言障礙，半聽半猜台上的老師到底在說些什麼，每一次的作品又幾乎都在最後一刻才迸發出來，置之死地而後生的成就感，催促著我往下一個目標繼續努力。我想在人的一生中能遇到令自己願意如此投入的事，並不很容易，但我在化妝時就能達到忘我的境界，因為我就是喜歡它。

曾經站在賽場六個小時為模特兒化特效妝，全程只想著如何達到最自然又最驚艷的效果，忘了吃飯和喝水，直到比賽結束才發現連腰都直不起來，整個人快虛脫。

對我來說，創作是最美好的時光，即使每次都弄到疲憊不堪，還是無法抵擋一件新作品從我手中誕生的沸騰熱血。但每一個作品的誕生靠的都不是「靈光乍現」，靈感

▲ 程薇穎與獲得國際化妝大賽得獎作品：青蛙王子。

是由生活經驗累積而來，靠著旅行、逛美術館、跳傘或是潛水，也可以只是坐在咖啡館裡毫無目的看著路人，這種和自己獨處的小小片刻阻絕了外界的干擾，常能幫助我激發出很棒的想法。

青蛙王子下跪，歡呼聲爆開

讓我在國際化妝大賽得獎的作品是青蛙王子。

一開始我只知道當年度的比賽主題是「格林童話」，於是我根據模特兒的氣質，為他量身打造專屬的服裝，期間我得一再提醒自己要忠於創作者的直覺，做出不一樣的東西，不要胡亂聽從別人的建議。比賽當天要在短短三小時內完成模特兒的妝髮服裝，搞定超難纏的假皮，最後還要讓評審近距離鑑賞評比。

永遠忘不了宣布得獎那一刻，我所創造出的奇幻又詭異的青蛙王子單腳下跪，向我獻上人生的第一顆金球，尖叫與歡呼聲在我耳邊爆開，一切都是那麼的不真實……

回想這一路走來內心當然還是會有掙扎，希望自己所做的事能符合社會期待，讓父母感到榮耀。但在台灣，一般人心中還是不免有種想法，認為「不會念書的人才去搞什麼特效化妝吧？」

所幸我的父母很開明，一直鼓勵我去做自己喜歡的事，他們不曾在我功課吊車尾的時候責罰我，也不曾在我青春期叛逆的時候放棄我。從小到大學過各式各樣的才藝，總是半途而廢的居多，可是一旦找到真心喜歡的事，就什麼也攔不住我了，那個懶散的我變得積極又正向，即使中途不斷遇到挫折，但是自己選的路，也沒什麼好抱怨。而且經驗告訴我，在創作的路上感覺自己快要崩潰瓦解時，就接近成功了。我總在崩潰邊緣重新找到力量。

有人問我會不會擔心這個領域太冷門？說真的，我從來沒擔心過，因為我相信只要能找到自己真正的興趣，一直認真做下去，再冷門的地方都會有出路。

小時候我最喜歡看強尼戴普演的電影《剪刀手愛德華》，我認真研究他每一部電影的造型，說不定有一天，真的能親手為他設計一個最炫的特效化妝，讓我美夢成真呢！

（採訪整理・王韻齡　攝影・楊煥世／摘錄自《親子天下》第四十二期）

人物看板

今日人物：**程薇穎**

- 7 年級生
- 電影特效人物創作與教學工作者
- 元智大學資訊傳播學系畢業
- 求學階段就受到國際獨立製片團隊邀約擔任化妝師、電影特效化妝設計與執行總監。目前長住北京工作。

非常任務：

2010 國際特效化妝大賽（IMATS）冠軍，是首位奪獎華人。

人物觀點：

從小到大學過各式各樣的才藝，總是半途而廢的居多，可是一旦找到真心喜歡的事，就什麼也攔不住我了，那個懶散的我變得積極又正向。經驗告訴我，在創作的路上感覺自己快要崩潰瓦解時，就接近成功了。我總在崩潰邊緣重新找到力量。

10 分鐘，生涯想想：

- 想像一個畫面，假如你現在已經四十多歲了，你會正在做什麼呢？
- 誰會在你的生命裡？哪些事情對你而言是很重要的？
- 在即將到來的未來，也許就是下個十年，你有什麼計畫？

邱于芸

一直在不幸福的家庭外定義自己，
從小與父親在不安全感的關係中拉扯，最後在哲學中找到人生座標。
邱于芸教導大學生藉哲學「管理失敗」，成立「卡士達創業加油站」，
讓年輕人有個「以笑容代替眉頭深鎖」的工作平台，自由做自己。

—— **邱于芸** 大學助理教授

用哲學破除人生的緊箍咒

大學助理教授——邱于芸

我有一個奇特的家庭。媽媽二十二歲生我後很快離婚，我小四之前都沒有家，一直寄人籬下，住在伯父、叔叔家，沒人知道我在幹麼。國中時第一次安頓下來有戶籍，是爸爸與第三個媽媽預備生小孩的時候。他們覺得不需要花太多錢在女兒身上，不必讓我去念私中，所以我念的是第二殯儀館旁的學區國中，同學家有紮紙人、替往生者化妝的，也有在菜市場賣魚殺雞、在夜市賣刨冰的。從「天龍國」的幸安國小到這裡，感覺好像被丟進不同人生的池塘裡，對我是很大的「文化衝擊」，我在那裡學習怎樣過日子。後來數學跟不上也沒補習，高中沒考上，五專也沒考好。去媽媽的廣告公司惡補一天，就考上復興美工工藝設計科。

天之驕女的真相　自己像個假人般活著

那時很早熟，愛騷、愛漂亮、愛外國東西，常跑到西門町萬年百貨看外國雜誌，想去紐約念服裝設計。我享受八〇年代的青春，家人覺得我很混、像太妹一樣，我在家裡很不自在。那時爸爸公司出品的電影《悲情城市》得了威尼斯金獅獎，舉國歡騰，他如日中天，外界覺得我是天之驕女。但我覺得我是個假人，不配當他小孩，內心深處也知道他沒那麼愛我，甚至藐視我，我總是自生自滅沒有任何依靠，但我說不出口。

復興美工畢業後我去當時很時髦的中興百貨當櫥窗設計，幫模特兒娃娃穿衣服。那時其實覺得很虛，沒有東西可以滿足我。有一次做完櫥窗天剛要亮，曙光要出來，我年資最小，預備打掃，從櫥窗裡看到同事蹲在分隔島上欣賞我們的設計（那時復興南路上還沒有捷運），我想五年後我就會變成蹲在那裡的那個人，突然有個聲音告訴我，「不可以再這樣下去」。

我想要改變自己，想出國，想去一個沒人認識我的地方，去重新創造自己。但覺得好困難，沒有能力養活自己。後來去了徐志摩筆下的英國劍橋市。

我從語言學校的初級班念起。我那時拚命要學好英文，就是為了不要再回來。後來覺得應該要有一技之長就去念祕書學校，碰到一個教經濟的老師（是劍橋大學的經濟學博士），他說：「you are better than that.（你應該比現在更好）」，就介紹我去念A Level（大學預科班），我轉去念了兩年，念得不錯，就申請倫敦政經學院哲學系。

我那麼用功讀書，就是要證明我沒有亂用爸爸的錢。我跟自己說，要努力在最短時間內拿到工具養活自己。我討厭跟爸爸要錢，每學期都只要最基本的學費，剩下的就自己打工賺。曾經在外賣店賣魚條、週末賣鞋子，英文比較好了就去圖書館擺書上架、幫中國餐廳翻譯菜單。這過程很辛苦，是因為沒有其他選項，但好處也是你就只有這條路，只能在這條路上找到一個最佳狀態，就學習去調整、面對那個苦。就像馴服一個野獸，當你要被這個苦的情緒、寂寞吞噬時，你要有能力讓它停住，不要讓它影響你的元氣。

生命中的陰影　我再怎麼好都是爸爸給的

我爸對我最大的教育是不管我，讓你覺得完全無助、恐懼到不敢亂來。很多小孩都知道父母再怎麼樣不會放棄你，但我家是你不要去測爸爸的底線，他真的會放棄你。如果跟他賭看誰比較敢沒有對方，我一定輸。

我生命裡一直掙脫不了一個可怕的陰影：我再怎樣自由、再怎樣好，都是爸爸給的，他也說：「要不是我，你畢不了業。」這好像是個原罪，這種不安全感讓我們倆一直吵架，他一直折磨我，我就愈喜歡離開他，我一直活在這種很「虐待」的關係裡。

哲學讓我領悟　怨恨是自己吃毒，希望別人死

我大學念哲學，就是因為我要在哲學裡面找最基本的意義，要搞清楚人生到底怎麼回事。哲學家們變成我的老師、座標，變成我分析自己狀況的架構，哲學訓練讓我知道，可以用理性去處理情緒。

我藉大量閱讀去經歷不同的人生，我慢慢了解，人生沒有事情是永遠、堅固、一

定的。哲學對我來說是無神論的宗教，沒有宗教的過程，卻解決了宗教問題。

它不是學問，而是認識生命的法門。讓我更清明的去界定我的苦難，讓我在低潮時有個依靠，它沒教我成功，但在我苦難時不覺得那麼苦。哲學最大的功能就是「失敗管理」，當你的至親離開你、朋友背叛你，被騙財騙色，怎樣不讓自己陷下去。叔本華說「怨恨是自己吃了毒藥，希望別人死掉」，因為你不外求了，不覺得任何事情是應該的，你就不會受傷。

劍橋畢業時老師講兩件事很重要；知識讓你離開現狀、脫離社會的輪迴；教育讓你能夠去服務比你不幸的人，你要給出去，而不是擁有、緊抓不放。回台灣當老師，就是希望我的生命經驗可以讓大家離苦，可以破除一些迷信，一些來自爸媽、自己、社會的緊箍咒，生命不一定「應該」是什麼樣的。我常跟學生說，你不能因為批評這世界很爛，所以讓自己頹廢、掉下去。不管世界如何無謂荒謬、無意義，自己都不能倒下去。

我做「創業加油站」，是要支持一種非主流的生活方式，讓自由工作者分租、分享一個工作單位，提供公司一樣的環境。我想經營一個自由工作者的社群，就像有機田，讓人在這裡自然生長，集結、找伴，用不同方式互相教育。我自己也是很難管的，所以知道台灣若不在主流裡很辛苦，我希望透過這個平台，讓年輕人知道生命可以有其他的選項，讓他們有個地方可以做自己。

我想做一件事就是無神論的宗教，當一切都成空、破滅，你是不是還要好好的活？

（採訪整理・賓靜蓀　攝影・黃建賓／摘錄自《親子天下》第四十二期）

人物看板

今日人物：**邱于芸**

- 6 年級生
- 英國劍橋大學東亞系博士
- 政大商學院兼任助理教授、台北科技大學文化事業發展系專任助理教授
- 「卡士達創業加油站」創辦人

非常任務：

曾任政大公企中心研究諮詢組組長，成立「創業加油站」，為自由工作者創造了一個共同工作成長的社群。

人物觀點：

哲學最大的功能就是「失敗管理」，當你的至親離開你、朋友背叛你，被騙財騙色，怎樣不讓自己陷下去。我常跟學生說，你不能因為批評這世界很爛，所以讓自己頹廢、掉下去。不管世界如何無謂荒謬、無意義，自己都不能倒下去。

10 分鐘，生涯想想：

- 相對於生活中的其他事情，你的家人對你有多重要？為什麼？
- 你希望自己將來有一天能擁有自己的家庭嗎？
- 你會做任何事情去對家人表達他們對你有多重要嗎？

人稱 Ko 桑的黃奕瑞，
安靜的從一家日式料理小店出發，
二十年內打造出營業額二十億的三井餐飲王國。
他將餐飲文化融入生活美學，
讓日式料理從高級走向平民化，
他想改變人對生活的態度。

—— **黃奕瑞** 餐飲老闆

料理台上燃起一把學習的火

餐飲老闆——黃奕瑞

童年在花蓮吉安鄉過得滿豐富的。七個孩子我最小，母親對我幾近溺愛，從小我不用跟誰要錢，有需要就從我媽的衣櫥直接拿，她會放在固定位置，不需要告知。七、八歲時有一次跟哥哥去書店，我隨手拿了一本書放在衣服裡，當場被老闆娘抓到。雖然覺得很丟臉，但我才開始了解，有些事不能做，有些話不能講。

我對讀書比較沒興趣，因為進小學時一句國語都聽不懂，所以我一直選擇逃避、排斥去上學，功課落差愈來愈大，名次追不上去。那時最痛苦的是放寒暑假開學前，作業都沒做，日記、國文最不會，就拿同學的來抄，不然就請同學替我寫，條件是一起去玩。最喜歡在大自然裡抓魚、抓鳥，從小我就喜愛追求自然的東西。

國小畢業那年，爸爸生意失敗，生活經濟遇到困難。家人問我要讀書還是去做學徒，我因為念書一直很辛苦，當下就選當學徒，去姊夫在花蓮的日本料理店工作。那時還小，沒有什麼美食的夢想，但突然覺得在餐廳裡我不再一直落後，好像找到學習的動力和欲望，想把自己的優勢表現出來。

我一定要風光的回來！

我自尊心強，也比較叛逆，有次跟師傅爭吵，在言語之間他數落我的家人，我很生氣。我不希望家人被他那樣瞧不起，當下覺得他對我們家是一種施捨，我覺得不需要，就立刻說我做到此時此刻。下午就離開花蓮來台北，上來台北第一天晚上還不知要住在哪裡。

當年我十三歲。那天坐火車看著車窗外的心情很複雜，沒人能體會。那時心想，我一定要風光的回來。那個記憶成為我未來人生很大的動力。人生有些際遇，當下是缺口、是遺憾、不好的回憶，卻是讓你轉彎的關鍵點。逆境激發很大的潛能，讓自己隨時去做好該做的事，也準備未來想做的事。

我從小就要負擔家計。第一份工作賺三千元，全部拿回家，全勤獎金五百元做生活費。這個使命感很重要，你會在乎有沒有能力照顧家人，就會想辦法去獲得這樣的能力，這是我人生應負的責任。我至今很慶幸家裡的支出和生活我都有參與。十四、十五歲時，我薪水已經一萬三千元，又有宿舍，但因為有位師傅覺得我不錯，我覺得跟他可以學更多，我就換到只有八千元又沒宿舍的工作。我當然需要錢，但我覺得眼前比較不重要，有沒有專業技能、未來有沒有競爭力比較重要。

那時，我也利用不工作的時間，去救國團學日文，因為學費最便宜，為了存錢也去開計程車。當兵時，心裡就在準備創業了。百貨公司打折，我會去買漂亮的碗盤，放在床底下；休假就會去看料理、財經的書；也會一個人去餐廳吃飯，賺錢很辛苦所以我很節儉，雖然餐廳很貴，但我還是硬著頭皮去感受一下消費者的需求。後來我開始探索開店的可能性。一路走來，我覺得準備很重要，不是機會到了你才準備，而是機會來了你已經準備好，才能抓住。

二十四歲時我和哥哥在農安街上開了一家「三井小吃店」，那時方圓兩百公尺已經有十來家日本料理，但年輕最大的本錢就是體力多、時間多，勤能捕拙。當時的想法是能活下來就好，盡全力去做，我會反向看消費者進來的障礙、期待，要跟不要的東西是什麼。我開店不是要賺多少錢，而是看客人滿不滿意，要物超所值，給最新鮮的食材。我們食材成本很高，給消費者的誠意是很足夠的。客人如果滿意，離開時跟你講一句話，那對我們是非常重要的。於是在很短時間內，就口耳相傳，奠定口碑。

父母讓我看見珍貴的人情味

我不喜歡太多掩飾、太多拐彎抹角，這些個性是受到父母的薰陶，他們總是把好的東西給對方、跟人分享。家裡環境好時常請客大拜拜，那時冰箱沒那麼大，我媽就把豬肉切好分給鄰居，在鄉下人家拿到這東西會感動。我家以前都不要買菜，鄰居去田裡回來就直接拿一把來，也不用打招呼。我那時看到人與人互動的價值，感受到樸與真、濃濃的人情味。

這些記憶在事業上幫助我很大，我希望在工作上更感性，是一種真的表現，從裡面找到深度和溫度。

我常鼓勵年輕人，做服務業要從內心出發，把客人當成自己的家人，很親近的對象，才不會很商業。如果年輕人只做到依樣畫葫蘆就只是個懂人話的機器人。我希望大家能內在認同，就像你對信仰認同，你就知道要做什麼、你的使命、存在的價值，軌跡就清楚了。

我們的教育培植與北部技專學校進行產學建教合作，是四年的承諾，我希望提供一個環境、企業文化、做事態度，去改變、影響他們。很多學生從小在火鍋店、牛排館、加油站、加工廠打工，都是打雜的性質。他們換工作像喝白開水一樣，常是因為比較輕鬆、薪水較高、放假比較多而轉職。透過我走過的軌跡，我希望帶年輕人牢牢的走穩，讓他看見，並專注的把想要的東西做好，要堅持下去，這才是終身的財富和價值。

集團規模大不是我追求的，我覺得台灣的飲食文化應該多一點感性、理想、勇氣、作為。我以前常在濱江市場買東西，這裡真的很髒亂。台灣人有時也很自豪於夜市，卻不知道那是錯誤發展後的產物。我把「上引水產」放在濱江市場時，很多人也不了解為什麼。但是，我想改變人對生活的態度，市場可以是乾淨明亮的，日本料理可以是新鮮平價的。我們花很多力氣在消費者看不到的地方，我請來日本全國壽司比賽冠軍的師傅，就是希望員工跟著他學習專業的態度和技術。我們壽司吧台的抹布每十五分鐘就要換一次，因為細菌在溼的環境裡最容易滋生，我們要嚴格控制生鮮環境的清潔。四樓「美食研究所」是美食的祕密基地，利用精細分工，讓食材的風險降到最低。

人的理想沒有盡頭，有多少能力就去做多少，但做的事要讓人尊敬、讓大家認同，對社會有意義。人生不能重來，一次就要精采。真正的人生成就不在收穫高低，而在你有沒有實踐你的想法。

（採訪整理・賓靜蓀　攝影・黃建賓／摘錄自《親子天下》第四十二期）

人物看板

今日人物：**黃奕瑞**

- 5 年級生
- 三井餐飲事業集團董事長
- 24 歲時即開始創業，第一家店是和哥哥共同開設的三井小吃店。

非常任務：

今日集團旗下有 5 家日本料理餐廳、並在台北濱江市場內開設平價超市、水產批發、立吞、燒烤的「上引水產」。

人物觀點：

人的理想沒有盡頭，有多少能力就去做多少，但做的事要讓人尊敬、讓大家認同，對社會有意義。人生不能重來，一次就要精采。真正的人生成就不在收穫高低，而在你有沒有實踐你的想法。

10 分鐘，生涯想想：

- 你的社區或生活環境對你很重要嗎？為什麼？
- 承上題，它在你的生活裡扮演了什麼樣的角色？
- 你會主動的去做任何事情來改變你的社區嗎？

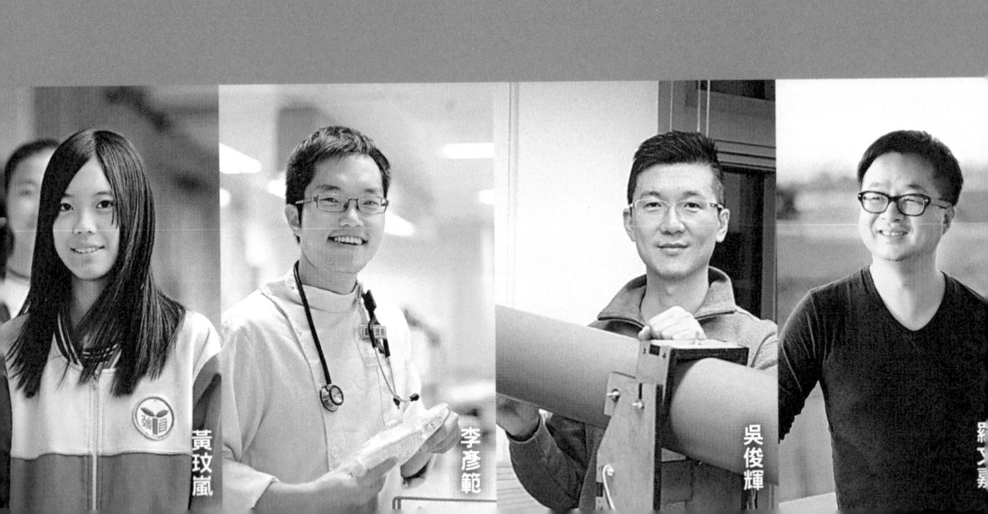
黃玟嵐
李彥範
吳俊輝

PART. 2

連結的必要

從小我到大我的勇氣

我的初衷其實很單純，
我想用影片、用創意、用故事
讓世界知道台灣是一個什麼樣的所在……

——吳建衡

吳建衡

一個家世背景平凡的大學生，
憑著對故鄉土地的熱情，以及無畏的青春勇氣，
發願要帶著「三太子」走遍世界，為台灣發聲。

—— **吳建衡** 台灣三太子

青春・勇氣　出巡全世界

台灣三太子——吳建衡

我，吳建衡，無名小卒，只是個平凡的大學生。

他，三太子，大名鼎鼎，金光閃閃、瑞氣千條。

我們是最佳「旅伴」，已經一起走訪了二十個國家。這只是我們五分之一的目標，我們的終極目標是一百國，要披戴著美麗的青天白日滿地紅國旗，在城市、在村落、在市集、在沙漠、在湖畔快樂跳舞，熱情的告訴全世界，台灣是個多麼棒的好地方！

經常有人問我，你為什麼要這麼做？

我總是告訴他們，如果你曾經看到我所看到的，經歷我所經歷的，或許也會和我有同樣的衝動。

不可置信的屈辱　在國際場合被迫換下國旗

十九歲那年，我到新加坡參加全世界最大的電玩大賽WCG，擔任台灣隊的舉旗選手，在開幕典禮時帶著國旗進場。

不料，進場前二十分鐘，主辦單位人員氣急敗壞的跑來，表示收到指示，勒令我們不得使用這面國旗，硬是生出了另一面白色奧林匹克會旗，強迫我把原本掛在旗桿上的青天白日滿地紅的布面國旗拆下，換上這面醜陋的塑料會旗。

如果不從，大家就不能參賽。我只好強自鎮定，在滿場工作人員以及來自十五個國家的選手眾目睽睽下，尷尬屈辱的把國旗換成會旗。

一個十六歲的菲律賓小選手拍拍我，同情的說：「Are you okay（你還好吧）？」我苦笑，一個國民在國際場合，被迫當眾扯下自己國家的國旗，超心酸的，怎麼會好呢？

有些國人可能會激憤罵道：「幹麼那麼沒骨氣？大不了拉倒退賽就是了！」但，這種「骨氣」其實只是一種「意氣」，除了當下很爽以外，對台灣的地位沒有任何實質幫助。如果在每一場國際賽事都要這麼「有骨氣」，台灣乾脆統統都不要參賽好了。

這個「換旗事件」給我極大衝擊，我第一次這麼深刻的體會到，台灣在國際的處境有多艱難。

台灣不只處境艱難，恐怕連「知名度」都有問題。大三時，我拿在微軟實習賺到的錢去紐約、波士頓自助旅行；後來，又爭取去佛羅里達迪士尼樂園暑期實習的機會，原本我以為兩岸關係這麼「微妙」，姑且不管老美怎麼看台灣主權問題，至少應該都「知道」台灣吧？但後來我發現，很多人根本連台灣在哪裡都不知道，有些人甚至把台灣跟泰國混為一談。

我很錯愕。原來，大家對我所生長的這片土地，認識這麼少。

這兩件事，就是「台灣三太子挑戰一百國」的起點。

我的初衷其實很單純：如果不能用政治或外交這些「硬」手段來行銷台灣，那，是不是可以來「軟」的，用影片、用創意、用故事讓世界知道台灣是個什麼樣的所在呢？

你問我為什麼有這種勇氣，我不知道怎麼回答，可能我生性就是如此，我不想要做的事，死我也不願意遷就；但我想要做的事，我拚了命也會去達成。

從我求學過程就可以看出這種性格。我高中考上的是一所校風非常保守的私立高中，頭髮要剪得很短，只能穿純白的襪子。從高一開始就被規定必須參加晚自習，生活中除了念書、考試，再無其他。

最黑暗的一年　學習對我竟像「坐牢」

我痛恨這樣無聊窒悶的學校生活，那不是學習，是坐牢。那時候，也正處於荷爾蒙狂飆的叛逆期，我不願做個順民，我蹺課、拒絕讀書、不配合晚自習，功課就放給他爛。其實，我蹺課也沒有去什麼不良場所鬼混，經常只是搭捷運從南到北坐來坐去，或是從新莊頭走到新莊尾而已，聽起來很空虛吼？但我覺得，比起閒蕩，在學校坐牢更空虛。

這種「學習態度」的結果就是：十個科目中，除了比較有興趣的英文有及格，其他九科全當光了。師長同學應該都覺得我很「機車」吧？他們不喜歡我，我也不喜歡他們，整個高一，真是我二十多年生命中，最黑暗的一年。

後來，學校大概也忍無可忍，問我要不要乾脆轉學，其實這只是想把我退學的委婉說法，但對我來說，真的是一種解脫。

我的運動神經很發達，從小就開始練跆拳，國中時是排球選手、棒球選手，還參加田徑隊。透過我跆拳教練的幫忙，高二起轉學到基隆高中體育班，人生才從黑白轉為彩色。

說也奇怪，沒有人押著我讀書時，我反而願意讀了。尤其高二時，我交了一個女朋友，頓時覺得自己有必要更「成熟」、更有「責任感」一點。高三時，我竟然開始認真準備大學指考，告訴自己一定要考上國立大學。後來，還真的讓我拚上國立林口體院。

很多人說我很「另類」，但我也曾有過非常「主流」的想法。

我高中時雖然不是用功讀書的乖寶寶，但非常喜歡看《天下》、《商周》之類的財經雜誌；上大學以後，則常看《哈佛商業評論》。我很羡慕故事裡那些成功人士，渴望有朝一日也能「出人頭地」。

而對當時的我來說，「進一流的大公司上班」，就是所謂的「出人頭地」了。

為了「出人頭地」，我認真累積籌碼：從高二起就開始打工，大學時，想盡辦法擠進微軟、愛迪達，甚至美國迪士尼實習；因為覺得林口體院的學歷好像還不夠「體面」，還努力轉學到台北大學運動管理學系，好「漂白」學歷；大三時到美國自助旅行的目的，也是為了看職業球賽，好為將來做運動行銷鋪路。

可是，當我都按部就班做到時，我卻覺得愈來愈困惑。

從「籌碼面」來看，我的「出人頭地計畫」應該可以順利達成。畢業後找大公司的工作，如果努力往上爬，三年當上小主管、五年當上中階主管、十年當上高階主管，似乎也不是不可能。

但，這真的是我想要的嗎？我迷惘了。

我想要做一件更有意義的事情。而在那個迷惘的當下，閃過腦海的就是十九歲的

「換旗事件」，以及美國之行的文化衝擊。我決定了，我要行銷台灣！雖然我什麼資源都沒有，但我有青春跟勇氣。

我從VISA卡「麥特在哪裡」的廣告得到靈感。主角是一個叫做麥特・哈汀（Matt Harding）的工程師，他走遍全球，到各地跳著傻氣卻又充滿喜感的舞步，剪接而成的影片，傳達出一種世界大同的美好，非常令人感動。

追尋另一種保庇　帶十四公斤的太子巡四海

那時候，剛好也是王彩樺的《保庇》和「舞棍阿伯」紅遍大街小巷的時候。我靈機一動，三太子在台灣是無人不知的文化符號，何不帶著三太子到世界各地跳電音舞來行銷台灣呢？

我問身邊的人，沒人支持我的想法，大家都覺得這很白癡。可是我還是執意去做了，跟宮廟借了重達十四公斤的三太子神偶，打算帶到印度二十天。別以為我真的胸有成竹，行前我自己心裡也七上八下，還壓力大到在廁所裡乾嘔。

結果，我跟三太子初登場的效果還不賴，走在路上就有印度當地的媒體想採訪我。我在背包客網站寫這段經歷，又引起台灣媒體的注意。回國後，我開始寫企劃爭取協助，之後，又去了埃及、肯亞、泰國、祕魯、阿根廷、巴拉圭、巴西……台灣三太子出巡全世界的故事就這樣展開了。

我不知道，這到底能帶來多少效益，只是盡全力完成我想做的事。

「台灣三太子」在世界各地「出巡」的影片放上網路以後，引起熱烈迴響，無數網友幫我加油打氣。但與此同時，也出現一些冷嘲熱諷，特別是我在倫敦奧運館用三星平板電腦秀國旗那一次，惹來不少罵聲，有網友酸我「想紅」、「假愛台」，還有人說我「就像妓女去賣淫以後，還想回來拿貞節牌坊」。

我在國外，吃過不少苦頭，但這些對我來說都不算什麼，真正讓我難過的，是自家人的誤解。

這些網友可能不知道，我在找贊助的過程中，曾經被多少家本土企業拒絕過，如果三星可以幫助我實踐目標，我為什麼要拒絕？我不必用拒絕韓國產品來證明自己的骨氣，我的骨氣是：就算拿三星的贊助，還是能證明給大家看，我真的非常愛這塊土地。

儘管受傷，我仍然不會卻步。如果僅僅因為幾句譏諷，就輕易放棄自己的目標，那這個「夢想」也未免太脆弱了。

這個一百國的計畫預估要花兩年的時間，我得自己去找贊助籌措經費，再帶著三太子浪跡天涯去拍攝影片。這段時間，我的同學們應該都已經畢業、出社會找工作了。

其實，我也曾擔心過，自己投注兩年青春，會不會到頭來只是一場鬧劇？

但，就像我在LEXUS百萬挑戰賽概念影片末尾所說的：「當你失去的時候，那其實並不可怕，真正可怕的是，你不知道失去的是什麼。」

假如我不去做，我永遠都不會知道答案。

所以，「台灣三太子」還是要繼續踏上這段征途，為愛台灣出巡全世界！

（採訪整理．李翠卿　圖片提供．吳建衡／摘錄自《親子天下》第四十二期）

YOUNG RIVER SIDE BARBER
北港
朝天宮

人物看板

今日人物：**吳建衡**

- 7 年級生
- 台北大學運動管理學系學生
- 在 2011 年帶著電音三太子到印度旅遊，在印度的大街小巷和觀光景點跳台客舞，引發相當大的迴響。如今已經與三太子一起走訪了二十個國家。

非常任務：

帶三太子周遊世界宣揚台灣。因為此計畫，成為 Johnnie Walker「KEEP WALKING 夢想資助計畫」得主，並獲「LEXUS 百萬挑戰賽」冠軍。

人物觀點：

我也曾擔心過，自己投注兩年青春，會不會到頭來只是一場鬧劇？但，就像我在 LEXUS 百萬挑戰賽概念影片末尾所說的：「當你失去的時候，那其實並不可怕，真正可怕的是，你不知道失去的是什麼。」假如我不去做，我永遠都不會知道答案。

10 分鐘，生涯想想：

- 當你有一個目標的時候，你認為自己具備的哪些特質對於達成目標很有幫助？
- 承上題，你認為自己具備的哪些特質對於達成目標會造成阻礙？
- 承上題，當你知道這些特質會造成阻礙時，你有改善方法嗎？

一場八分鐘的 TED 演說，促使當時不到二十二歲的高中老師許芯瑋，
成為全世界最大的孩童創意行動挑戰「Design for change」的台灣發起人。
她甚至甘願為此辭去教職，兩年內造訪印度四次。

—— **許芯瑋** 社會企業家

印度河邊找尋教育的榜樣

社會企業家——許芯瑋

二〇一〇年三月，我還在師大附中擔任英文老師。某天吃午餐時，我打開TED影片，看了印度河濱學校（The Riverside School）瑟吉校長（Kiran Bir Sethi）「教導孩子如何發揮影響力」的故事。短短八分多的內容，竟讓我感動流淚。於是我自願申請擔任這部影片的翻譯覆核工作，還寫了封信給瑟吉校長。

沒想到，校長很快就回信，還問我：「既然你這麼感動，要不要成為DfC（Design for Change）在台灣的創始發起人？」收到信後壓力好大，當下只覺得：「哇勒，我從來沒想過這件事！頂多在自己班上做這件事吧！」

老師，這樣做會不會很笨？

段考過後，我在自己班上播放瑟吉校長的演講，跟學生說明這原本是針對國中、小學生舉辦的全球性競賽，希望大家共襄盛舉。於是有一百三十七位附中學生被我拉進了「感受→想像→實踐→分享」的 DfC 挑戰活動裡。他們去發掘周遭有哪些事情，可以透過一點小改變而產生正面影響力。譬如有的孩子去五分埔逛街覺得那裡很髒亂，因此決定製作垃圾桶到那裡擺放；也有孩子覺得周邊的人很冷漠，想蒐集大家的笑臉貼在微笑牆上……跟學生討論構想的過程中，常會聽到孩子的自我懷疑：「老師，我們這樣做會不會很笨啊？」

有趣的是，顧慮愈多的組別最後成果愈受限，因為時間就在不斷討論中分秒流失；反倒是那種「好，就這樣了！我們去做吧！」的組別，往往可以交出很棒的成果。

我永遠記得，參與試辦賽的一名妥瑞氏症學生，謝謝我提供這個機會，讓他可以把自己如何對抗症狀的經驗分享出去。聽他這麼說，我深深感受到：如果台灣有一個孩子在等這個機會，我就不能停止；我不要因為我的不堅持，而成為只會打嘴砲與空口說白話的人。

後來離開教職前，也對我的附中學生說，如果有一天我真的邀請到瑟吉校長來台灣，一定會安排一場專屬於附中學生的演講。還記得當時學生嘻嘻哈哈的說：「老師，你心意到就好了啦。」但後來瑟吉校長真的來到台灣，在不到三十六小時的緊湊行程裡，我真的讓這群孩子與校長面對面了！我想，這對孩子與我的影響都很大，因為他們看到了「不管夢想有多大，如果沒有做，就是不可能實現」。這也給了我很大的提醒，既然承諾了就要做到，要時時刻刻成為這樣的榜樣。

為了能讓這個活動持續辦下去，成為正式教師一年後，我決定離開教職。其實也是在那段時間我才逐漸發覺：雖然自己求學階段碰過許多好老師，點燃了我想成為老師的志願；但等到成為正式老師後，愈來愈覺得自己不適合日復一日報到的日子。天哪！我實在無法忍受三十年後即將退休的自己，依然用同樣的課本、上同樣的課。

透過這個活動，我也慢慢尋找自己的人生目的與意義。我知道離開教職的決定會讓父母很沒安全感，他們也很辛苦，必須要接受有這樣不同想法的女兒。我必須要說服爸媽，走這條路也能養活自己。

至少目前我很確定的是，我想用不一樣的方式去影響教育！曾有人問我要不要參與辦學校，但我覺得台灣需要的不是多一間學校，而是有更多不一樣的有心人來推動教育。比方說，看看世界上不同的教育模式，把更多的故事帶回來。

探訪「沒有校長室」的學校

和瑟吉校長的印度河濱學校接觸後，隔年我就跟另一位團隊的核心成員，自掏腰包遠赴印度，去河濱學校參加師訓。印象最深刻的是，我到學校的第一天，走到二樓轉角看到一張桌子，隨口問：「這是誰的位子啊？」當時以為是警衛或是值班老師的位置，結果卻聽到「這是瑟吉校長的位子啊！」

一開始我還摸不著頭緒的問校長：「難道你沒有一個獨立空間，可以不受打擾的處理重要事情嗎？」她笑著回答：「我在學校的目的就是為了這群孩子，他們的事情就是『重要的事情』。我是代表學校的人，如果不跟學生『在一起』，他們有問題都找不到我溝通，那我不就沒有存在的價值了？」

我也曾好奇的問：「身為一校之長，為什麼要教課啊？我認識的好多校長都是不兼課的。」她則告訴我：「我是校長，但我的身分也是老師啊！想想，如果我不親自教課了，那我不就永遠都不清楚教學現場發生的事，也不能馬上知道那些新訂的政策是否可行，不是嗎？」

瑟吉校長的話，再度讓我感受到，她是個「化知道為做到」的人。從她的身上，我看到「成為榜樣」這件事，不是說說就可以，真的必須「說到，就要做到」。

（採訪整理．李佩芬　攝影．楊煥世／摘錄自《親子天下》第四十二期）

人物看板

今日人物：**許芯瑋**

- 7 年級生
- 社會企業家
- 曾任師大附中英文老師，現任臺灣童心創意行動協會理事長。
- 合著有《Design for Change：給孩子改變世界的機會》（凱信），《報告，這裡沒有校長室》（親子天下）

非常任務：

因為受一場八分鐘的 TED 演講所感動，不僅遠赴印度探訪印度河濱學校，後來更離開教職，並成為 Design for Change「全球孩童創意行動挑戰」臺灣發起人。

人物觀點：

透過這個活動，我也慢慢尋找自己的人生目的與意義。我想用不一樣的方式去影響教育！集合更多不一樣的有心人來推動教育。看看世界上不同的教育模式，把更多的故事帶回來。

10 分鐘，生涯想想：

- 根據過去的經驗，當立定目標後，持續努力直到達成對你來說會很困難嗎？
- 通常你會遇到的阻礙是哪些？
- 你會採取什麼方法來克服？

延伸閱讀：

《報告！這裡沒有校長室》天下雜誌出版。

蘇明進

一直是大人口中的「乖孩子」，
走的路也是老爸建議的穩定教職工作，
現在在部落格上人稱「老ㄙㄨ老師」的他，
最後成為的卻是一個自認不按牌理出牌的「怪老師」。
從自己的成長中同理學生，
「老ㄙㄨ老師」希望孩子不要讓自我質疑，
困住了一整個人生的快樂。

—— **蘇明進** 小學老師

幼童軍的笑容點醒我的夢

小學老師——蘇明進

從小，我就是大人口中的那種「乖孩子」。在家裡從不吵不鬧，大人說什麼就是什麼，說一不敢有二，很乖巧的扮演著爸媽心中的稱職好小孩。

從小，我也是老師眼裡的「乖學生」。我表現得不特別突出，也不會闖禍，總是默默躲在同學之中。我很清楚自己不是那種頂聰明的學生，因此很認分的讀書，老師說要考試就認真準備，假日時學校規定要課輔就乖乖去上。我想，一直到畢業時，老師可能還叫不太出我的名字。

聯考考砸，世界碎裂

從小到大的求學階段，回憶模模糊糊的像是一塊失去顏色的老畫布。所謂的青澀年華，不過是追了六年的上下學公車、以及總是埋首坐在書桌前咬著筆桿發愁的褪色片段。

其實我不喜歡這樣的我。我可以感受到自己內在澎湃的熱情，與滿腦子天馬行空的想像力。我也想要學學那些貪玩的同學偶爾使壞一下，我也想要玩得很瘋狂、開心的大笑。然而，看到在工廠裡賺取微薄薪水供養一家人的爸媽，我清楚的告訴自己這輩子應該好好讀書，不讀書就完了。

但是這樣的信念，就在大學聯考的第一天完全崩解。數學考試時，我的腦中一片空白，完全無法下筆。考完第一個科目後，我臉色慘白，頹喪的蹲在教室牆角，我知道我搞砸了，全世界碎裂般的瓦解在我的眼前。那一天，我一個人躲在家裡的廁所裡，對著鏡子痛哭了好久。

大學聯考的成績單寄到家中，果然是很慘烈的分數。老爸力勸我填師範院校，將來當老師有份穩定的工作。

「當老師？穩定的工作？」我是如此害羞內向、這麼怕老師的人，我壓根從來沒想過有一天會當一位老師？而我也害怕這所謂的「穩定工作」，我才不想二、三十年都做同一份工作，到了六十歲還被家長和學生嫌棄是老頑固老師。

歷經一個月的抗爭，最後還是成為師範學院的大一新生。但我的內心始終焦憂不已，我好怕自己無法成為一位好老師；也害怕未來這條看似一帆風順的康莊大道，不是自己喜歡的該怎麼辦？

上山下海釋放自我，初衷乍現

於是我開始參加大學裡的社團，選了跟自己個性最不符合的「童軍團」，因為想釋放內在潛藏的熱情——我想改變那個內向又彆扭的自己。四年下來，在大大小小的活動中上山下海，我學會如何灑脫的在野地裡髒兮兮的露營三天不洗澡；我也可以對著兩、三百人扭腰擺臀帶團康而不怯場。大學四年下來，我遊走在十多個學校社團裡，成為校園裡最活躍的人物之一，恣意又貪婪的找回那段曾經空白的青春歲月。

有一天，當我在帶幼童軍的反哺活動時，看著這些小狼們臉上的笑容，突然想起小時候的我，曾經在作文裡很豪氣的寫著：「長大後的我，不需要賺大錢，但我的工作必須要是有意義的、對這社會有幫助的才行！」

頓時，我想通了。當老師，正是這樣一份工作。當我認真教導我的學生，讓他們的人生變得更好，其實也是在做對社會很有幫助的大事業。

於是我放下了困惑，開始虛心的去學習成為一位好老師。四年來參加社團的經驗，讓我成長很多、也學到了很多能力。因此到了教學現場，我馬上可以搖身一變成為孩子們喜愛的老師，口袋裡的法寶總是讓孩子們既眼花瞭亂、又深深著迷。

但是我也有困擾。對於那些偏差行為嚴重的孩子，我可以讓他們喜歡我，卻無法改變他們的行為。不寫功課的還是不寫，愛爭吵、愛打架的依舊，會偷竊的仍是偷個不停，甚至有孩子開始對我怒目相視……第一年教書，表面上很風光、很有成就感，心裡頭卻感覺糟透了。

直到我去當兵，當了很長時間的一等兵，始終待在被管理的最低階層時，總是有很多「長官」對著我無理的咆哮，突然間我懂了那些曾對我怒目相視的孩子的心情。那眼神，其實正透露著一種無奈：「我不在乎你，因為你根本就不懂我。」

那一刻，我深刻的體會到：原來要設身處地為對方著想，是多麼困難、但又何其重要！因此退伍後，面對每一位偏差行為嚴重的孩子，我總是希望能讀懂他背後的故事，找出他的問題成因，用他最需要的方式來協助他。

比起教學生，學生教我更多

也因此，當我看到所教的優秀學生，在聯絡簿上寫著：「下課時我不可以和同學一起玩，我怕我會起了玩心……」「為什麼好孩子所做的就會被視為理所當然？我也想多得到一點關愛的眼神……」就能深刻感受到這些乖孩子心裡的傷。我想幫助這些乖孩子，早一點走出他們為自己設下的束縛，別讓這些自我質疑，困住了一整個人生的快樂。

尤其是那些令人棘手的孩子，帶他們的那兩年雖然辛苦、充滿不少挫折感，然而當孩子有一天打電話來，說他們現在過得很好時，我就會忍不住一陣激動。每遇上一個他們，對我而言就是最好的學習課題；讓我學到了更多的方法、包容，來面對接下來的每位孩子。

前幾天，兩位現在已經是大二的孩子回到學校找我。又高又帥的他們，已完全不是小時候功課不太行、一副傻呼呼的模樣。兩位都在白天認真讀書，晚上打工養活自己，並持續的往自身的興趣探索。

教書愈久，愈覺得人生實在很奇妙，孩子的未來往往不是我們想像的那樣。小時候成績好的孩子，以為他在國中時候玩壞了，沒想到也能考上有名的高中？而也有孩子頂著名校的光環，就業時卻四處碰壁，成天在網路上憤世嫉俗……我們究竟該用哪一個人生階段，來檢視所謂的「成就」呢？其實沒有人可以給明確的答案。因為人生沒有終點，每個階段都有不同的精采風光。

很多爸媽憂心忡忡的問我：「老師，我的孩子考差了，該怎麼辦？」「我的孩子去讀什麼爛學校，真是氣死我了……」現在的我，都會試著和這些爸媽分享我的想法：我們該用拉得更長遠的眼光，來欣賞孩子每個階段的成長。

因為孩子不是我們，他們有著自己的人生旅程要走；他們的人生答案，不是現階段的我們所能給予的。只有在每個用心體驗、專注付出的過程裡，我們才能深刻體會到，這些生命處處為我們彰顯的美好與答案。

（文．蘇明進　攝影．許育愷／摘錄自《親子天下》第四十二期）

人物看板

今日人物：**蘇明進**

- 6 年級生
- 台中市大元國小教師
- 《親子天下》專欄作家、馬來西亞《孩子》月刊專欄作家
- 推廣創意教學，曾獲多項創意教學獎。

非常任務：

曾獲 GreaTeach 全國創意教學獎、power 教師入圍獎。

人物觀點：

小時候的我，曾經在作文裡很豪氣的寫著：「長大後的我，不需要賺大錢，但我的工作必須要是有意義的、對這社會有幫助的才行！」當老師，正是這樣一份工作。當我認真教導我的學生，讓他們的人生變得更好，其實也是在做對社會很有幫助的大事業。

10 分鐘，生涯想想：

- 當你想要執行一個跟生涯有關的目標時，你的家人會支持你嗎？
- 你的家人或朋友是否跟你一樣關心這些事？
- 當他們都反對你的時候，通常是什麼原因？你會怎麼做？

延伸閱讀：

《親師 SOS：寫給父母、老師的 20 個教養新提案》天下雜誌出版。

六年前，年僅三十九歲的徐超斌因腦中風倒下，
當週他日夜工作超過八十小時。復健半年後，
左半邊行動不便的他重回部落，繼續單手行醫。
如今，他要透過全民募款在台灣東南最偏僻的角落
蓋第一所「穩賠錢」的南迴醫院，服務鄉親。

—— **徐超斌** 醫師

為部落醫療找希望

醫師——徐超斌

家鄉達仁鄉是全台灣最偏僻的地方，醫療資源一向嚴重缺乏，一萬四千一百個人才有一位醫師，而台北市卻每二十六人就有一位醫師。部落中來不及送醫院而死亡的例子不勝枚舉。

我妹妹四歲時，感染痲疹併發肺炎，但醫院太遠，發燒第五天才由爸爸騎摩托車載去台東市的醫院，但已太遲了。妹妹死後葬在我們家的田裡。爸爸原本是部落的有為青年，因為太難過開始酗酒，常常酒醉回家，把姊姊、我和大妹叫醒，叫我們去陪妹妹過夜，因為她一個人在荒郊野外很可憐。那時我七歲，發誓長大要當醫生。

沒上醫學院　考上交大也沒人放鞭炮

從小我被送到台東、高雄念書，大學考上交大控制工程系，自己很喜歡。那個年代，部落有人考上軍校或護校，就全村放鞭炮、擺桌慶祝，但我回去卻靜悄悄，原來族人期待部落能出醫生，以為念交大只能當交通警察。我爸媽也不理我，晚上我倒在床上哭，決定休學重考醫學院。念北醫時，我是校園風雲人物，體育好、功課也不錯、又會彈吉他，教授都鼓勵我不要辜負族人的期待。

公費生必須返鄉服務七年。回部落只有我一個醫生，必須內、外各科都會，還要會看X光、超音波等，至少要能初步處理。在急診室直接面對病人，必須立刻下診斷，雖然壓力很大，但可以讓我的專業快速成長，我成為台南奇美醫院第一個急診專科的住院醫生。人家說內科靠推理能力，外科靠精巧的手，急診靠嗅覺，要用鼻子聞出來有無潛在因素。我喜歡處理急重症，也努力培養我的嗅覺，看病人的臉色、呼吸，有時第六感告訴我哪裡有問題，經過檢查通常都證實我的判斷。我對自己的專業和技術很有自信，自信到「臭屁」但不討人厭的地步。

二〇〇二年，我從奇美回到達仁鄉衛生所，發現薪水有那麼大的落差，其實也有掙扎。但我是這裡唯一的醫生，為讓族人可以不用「挑時間」生病，我陸續開辦夜間門診、假日門診，還成立大武急救站假日二十四小時急診，也開車到偏遠部落巡迴醫療，每週的車程剛好繞台灣一圈。

超人倒下　失去左手左腳我還有右手右腳

三十九歲前，我自認健康又有技術，只想到病人沒地方看病，卻沒有考慮到自己體力。為了看診，我有時一個月工作四百小時。二〇〇六年九月十八日的半夜，我在急救站值完班，突然覺得左腳沒有力氣，左手指還可以動，當下自我診斷是腦中風。我從頭到尾很清醒，被送到急診室還跟醫生說要趕快做電腦斷層，果然看到血塊，但不會太大，我心想住院三個月就會好。但當天晚上頭很痛，我知道血壓高到突然爆掉，大量出血就昏迷了，後來腦部開刀才撿回一命。

中風之後，最困難的是信心，我無法接受自己變成現在這個樣子，沒法活蹦亂跳，要找回那個過去的自信很困難。半夜一個人的時候，我常後悔兩件事：為什麼我不是真的「超人」，可以超時工作？為什麼上帝不把我帶走？跌到谷底時，也曾想過走了算了，但想到家鄉的人還在等我回來。我剛回來幾年已經大大改善這裡的醫療，好不容易帶給他們希望，好像點起一盞燈，現在又自我消滅的話，對鄉親真是情何以堪？所以我復健半年，就回來繼續工作。

剛回來很掙扎，這裡的護理人員、病人會怎麼看我？我很害怕以前的病人會懷疑我，自己都是個殘障的病人要如何替人看病？但我發現他們真的對我非常死忠，他們感受到我對他們的關心、我的醫術沒有任何改變。我發現他們在我住院期間幫我祈禱，為我掉淚，他們一樣信任我，固定來找我看診。有時不是來看病，只是看我在了就很安心，還堅持要我用剩下的一隻手幫他們開刀（局部麻醉的小刀）。起初我一直注意我失去左手左腳，經過兩年，我開始想，自己還有右手右腳，病人也那麼信任我，還有什麼不滿足？

當了病人之後，我也才體驗到，醫病之間永遠存在不對等的階級關係。醫師開處方、做治療是他例行、賺錢的工作，但對病人來說，任何一個處方和診斷就是改變他生命的關鍵。醫生有沒有體會病人的恐慌和無助？當醫生冷冷的告訴病人：「你得了絕症，只剩下幾個月生命。」病人當然害怕啊，但如果你用溫暖的語氣告訴他：「這段時間我會陪你找到最好的治療方式，跟你站在一起。」也許三個月後病人依舊過世，但至少在他離開人世前，他覺得有醫生的陪伴，一起面對苦難。生病之後我才開始想，醫學除了開發更先進的醫療技術、賺更多錢、更高學術地位之外，還有一種可能：就是重回人性化的醫療。醫療並非醫病行為而已，還有人和人之間的愛和關懷。

扭轉醫療崩壞　不要「救醜」來「救命」吧！

有人給我「台灣史懷哲」的頭銜，我覺得很沉重，我不是聖人，也很平凡，抽菸喝酒生活習慣不好。但我發現，史懷哲如此受人尊敬，他最有名的地方不在於精湛的醫術，也不在他有驚人的發現，而是他尊重生命的人道關懷。

兩年前，我把達仁鄉衛生所蓋起來，也想重建更多偏遠部落裡的衛生室，需要花很多錢。我的衛生室不是一個醫病的地方，而是老人家聊天的地方。平常他們都在家裡，只有我看診的那個時間知道是跟我見面，候診時互相開玩笑問候說：「你怎麼還活著？」

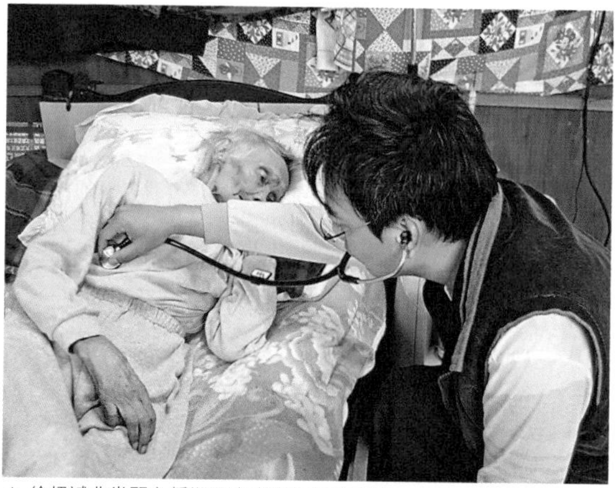

▲ 徐超斌非常關心偏鄉醫療資源缺乏的問題。

我也看到部落的問題，獨居老人、隔代教養，不能光靠醫療去解決。我把老家房子改建成「方舟教室」，每週一到週五，找年輕人來給部落孩子課後輔導，外加晚餐，現在四間教室總共幫助八十幾個孩子。也找居家服務員去照顧獨居老人、送餐，還強化已經有的老人日照中心。

我常在想，醫療究竟是人權，還是商業行為？如果是人權，南迴地區兩萬多個居民每年繳了兩億元的健保費，卻只享受到五千萬的醫療資源，很不公平！所以我想在南迴線的中心點蓋一間「南迴醫院」。我希望募集一萬個市井小民，每個月捐款一千元，一年募到一億元，就可以請到願意來偏鄉的醫生。如果成功，台灣偏鄉也可以複製這樣的模式，讓年輕醫生有更多選擇，不用擠在大都會的醫院，不用揹業績壓力，可以扭轉目前醫療崩壞的現狀；大家不用去走醫美去「救醜」，而投入「救命」的醫療。

（採訪整理・賓靜蓀　攝影・林宥任／摘錄自《親子天下》第四十二期）

人物看板

今日人物：**徐超斌**

- 5 年級生
- 台東縣達仁鄉衛生所駐在醫生、部落巡診醫師
- 獲得 2012 年周大觀文教基金會全球熱愛生命獎章

非常任務：

在達仁鄉衛生所擔任主任期間，陸續開辦夜間門診、假日門診，還成立大武急救站假日二十四小時急診，也開車到偏遠部落巡迴醫療，有時一個月工作長達四百小時。為了改善偏鄉醫療資源不足的問題，正在積極籌建「南迴醫院」。

人物觀點：

醫學除了開發更先進的醫療技術、賺更多錢、更高學術地位之外，還有一種可能：就是重回人性化的醫療。醫療並非醫病行為而已，還有人和人之間的愛和關懷。

10 分鐘，生涯想想：

- 你長大以後會想要做什麼樣的工作？為什麼？
- 事業將來會對你很重要嗎？為什麼？
- 它將會有多重要？為什麼？（請舉具體例子）

十三歲的黃玟嵐，寫文章反對馬祖博弈，
讓馬祖博弈公投這個冷門新聞引起熱烈討論，
她也因為這個人生插曲，學會面對不同的意見與批評。

——**黃玟嵐 中學生**

只想守護童年的那片星空

中學生——黃玟嵐

馬祖是我媽媽的故鄉。小時候我曾在馬祖念過三個月的小學，現在每年都會回去，暑假也常待在那裡。

在馬祖，徒步累了隨手攔便車，只要招手都會有人載，就算不順路也載。馬祖的摩托車、大門都不鎖，鑰匙直接插在車上，完全不會有問題。八年後，當初的校長看到我時仍然喊得出我的名字。馬祖有非常可愛的民情，如果那個地方改變，最令我不捨的是純樸民情的崩壞。

用銀河星星串起的靈魂定錨點

在馬祖的某一夜，我和弟弟、外婆躺在小島山坡地上，抬頭望見滿天的星星，像海一樣，好像會溢出來，我和弟弟看得目瞪口呆。那天的星星是有顏色的，我還看見一串亮晶晶的銀河，銀河外就是鋪滿星星的天空，只要盯著一個點三秒鐘，就有流星劃過。

我很震撼，將那一晚的景象和心情寫成文章，把文章的片段存在手機裡，偶爾會打開來看。在為高中努力念書的國三生涯，那片星光會給我安慰。

每個人心裡都會有個地方，在那裡有歸屬感、安全感。馬祖對我就是這樣的意義，總覺得那是為我量身打造的地方，我嚮往的，在馬祖都可以得到：純樸民情、自然風光、悠閒步調。我知道，當全世界都跟我作對時，馬祖會敞開懷抱歡迎我回來，隔絕世界的煩惱，把我環抱起來，就像避風港。

當馬祖是否開放博弈採行公民投票時，我純粹出於熱血的寫了一封信給馬祖反賭青年召集人曹雅評，表達不希望財團進駐馬祖的心聲。馬祖給了我這麼多，現在是我為馬祖做些什麼的時候了，但後來的效應是始料未及。

我一個國中生的文章在臉書上一天有四十幾個轉分享，臉書私人帳號一天有一〇四個交友邀請。接著媒體記者採訪，還有網路上的鼓勵和不理性的批評。

只要發聲，別人都聽得到

雖然並沒有如願阻擋博弈，但能夠參與這件事對我來說學習到很多。最大的學習是，每個人都有力量。以前覺得小孩講話沒分量，這件事讓我明白，不管你的年齡、社會地位如何，只要你發聲，別人都聽得到。

我也學習面對不同意見。每件事都會有兩面評價，我只代表其中一種想法，你不一定要聽。但有時候網路上會出現非常不理智的批評，像是「去死一死算了」、「這小孩應該要被剷除掉」、「你就在馬祖待三個月，你有什麼資格發言？」那時我心想，雖然只待三個月，如果我對那個地方的感情比住一輩子的人多，那我為什麼不可以？我覺得很失望，謾罵中大家都忘記初衷，忘記我們為什麼要做這件事。我一度很沮喪，不明白到底是為了什麼參與這件事。但事過境遷，現在回想起來，我一點都不後悔，如果時光倒流，我甚至想做更多事。

不論結果如何，當你有目標，一直朝著目標前進時，你就會覺得很滿足；就算沒有成功，那個成就感，也可以帶來很大的生活動力。像這學期，我和班上幾個同學弄了讀書會，每個人認領擅長的一、兩科為其他同學做重點整理，每週聚會一次。一開始學校認為沒必要，覺得我們各自自修就好，為此我們寫了好多計畫書和老師溝通我們想做些什麼、怎麼做。在學校碰壁時我們也去和附近的圖書館接洽，看有沒有可能借用圖書館的空間討論。經過了一、兩個月的爭取，學校終於同意讓我們每週五晚自習進行讀書會。爭取的過程，我們也不知道會成功還是失敗，遇到問題就一一面對、解決，慢慢朝目標前去，就是滿足。

為馬祖博弈公投發聲這件事給我很正面的意義，因為過程中我得到很多支持，當身邊的人都支持我做這件事，我就覺得力量加倍。導師鼓勵我，將文章分享給班上的家長，全班同學都很支持。今年暑假我回馬祖，還帶了兩個同學，他們也很關心馬祖博弈，講到激動處都要落淚了，我很感動。

我也想成為馬祖的老師

最重要的是爸爸。我和爸爸本來就無所不聊，會一起看NBA球賽、聽演唱會。他是個很有趣的大人，更是我生命中的重要支柱，有什麼想法、遇到困難都會跟他討論。這次博弈他也跟我有很多討論，該怎麼做？妥不妥當？那時候還滿可怕的，所做所言如有閃失，可能會有危險，很多事都要和爸爸討論過才敢做。

某天，有很多記者要到學校採訪，前一天我和爸爸很緊張，討論很久，要講什麼？應該避開什麼？爸爸建議我，把光環給別人，這件事主要努力付出的是別人，我只是配角，也鼓勵大家，不同位置都可以站出來發聲，其他就簡單帶過。事後想想也對，我不可能是阻止這件事發生的人。

我是個愛作夢的人，但很努力讓夢想變理想，所以我很喜歡做計畫，生活充滿了大大小小的計畫：書櫃計畫、圖書館計畫、書房改造計畫、讀書會計畫……我是很沒有毅力的人，靠著訂計畫，並且朝之前進，來持續自己的行動。例如為了做書房改造，我去學畫室內設計圖，即使後來書房沒有完全改造成功，努力的過程就令我滿足。

我期盼未來擁有一個圖書館，裡面是我選的書，圖書館可能蓋在海崖邊，讀者看書的時候，耳邊聽見海浪聲，落地窗灑進整片陽光。

或者，有朝一日，我要回馬祖當美術老師。雖然我在馬祖只有三個月的學生經驗，可是那邊的老師對待每個小孩遠遠超過他們應該做的，讓我印象深刻，我也想成為這樣一個老師。

無論未來做什麼，我都要快樂生活、保有熱情，並找到一直讓我持續前進的目標，我覺得這是生命中最重要的事。

（採訪整理‧張瀞文　攝影‧楊煥世／摘錄自《親子天下》第四十二期）

人物看板

今日人物：**黃玟嵐**

- 8 年級生
- 現為高中美術班學生

非常任務：

8 年級時在馬祖博弈公投前寫下〈馬祖未來不必賭〉，表達對馬祖的關心與立場，引來上千網友轉寄與討論。

人物觀點：

雖然並沒有如願阻擋博弈，但能夠參與這件事對我來說學習到很多。最大的學習是，每個人都有力量。以前覺得小孩講話沒分量，這件事讓我明白，不管你的年齡、社會地位如何，只要你發聲，別人都聽得到。

10 分鐘，生涯想想：

- 現階段的你，哪些事情對你很重要？
- 你有為這些重要的事情做任何事嗎？
- 有哪些事情是你希望這一生可以完成的？

李彥範

李彥範既是大男人，也是急診室裡的小護士，
還是佛教醫院裡稀有的基督徒。
從報到的第一天起，他便手忙腳亂、笑話不斷。
然而熬過急診室裡一個又一個瘋狂忙碌的日子，
使他逐漸體會到護理的成就與尊嚴，深深愛上這份工作。

——**李彥範** 護理師

找到「男」丁格爾的價值

護理師——李彥範

我是早產兒，所以從小就當病人。不僅鼻子過敏、免疫系統也不好，常感冒生病。家裡的錢大概三分之一都花在讓我看病上。父母在菜市場擺攤，每個週末都會叫我去幫忙。那時候覺得菜市場很吵，我變得愈來愈安靜，也愈來愈討厭跟人群接觸。

原本想念農科，因為不用跟人講話，自己也到處抓蚱蜢、蝴蝶做成標本。但是我一路以來，都沒有照自己的方向走。考大學的時候，父母希望我念醫學院。因為學費是他們出的，我也不能講什麼。

聯考時因為失常，上不了醫學系，就去念慈濟醫學院的護理系。當時我覺得護理是女人的行業，所以不願意承認自己是護理系的學生，對外都宣稱是醫技系或是公衛系，或跟別人說我打算轉系、轉行。我們班四十三個人，只有七個男生。外界可能以為護理系的男生一定很搶手，其實只有在搬重物的時候才特別搶手。

南丁格爾照亮我對護理的尊敬

護理這工作開始讓我有成就感，已經是當兵時候的事了。那時我在花蓮吉安鄉的消防隊做替代役，周遭都是消防隊員，只有我有護理背景，因此在醫療上的應變能力比較強。比方說，花蓮常常有車禍，有時候一天出動高達五、六趟。我可以邊急救、邊用無線電跟醫院急診室回報狀況。這對消防隊員來說，是很不可思議的事。

另一個重大轉折也是在服替代役期間。我讀了張文亮寫的《南丁格爾與近代護理》。南丁格爾說：「護理是門科學，也是藝術，是服侍上帝最好的道路。」以前我們對南丁格爾的印象就只限於提燈天使。她是苦行僧的代表，但很少人知道她的無限付出是為了上帝。

以前我看到很多不合理的事情，都不敢反抗，在讀了南丁格爾的傳記，發現她在順服的外表下，是非常勇於創新的人，因此非常崇拜她。在那個時代，護理師的地位很低下，被認為只能提供病患心靈上的安慰。

但南丁格爾扭轉了護士的地位，她是公共衛生的始祖。為了改善霍亂在院內傳染的狀況，她重新設計醫院的建築，讓醫院更通風；她也是第一個把統計學應用在管理和護理上的人；急診室是她創建的、郵局是她改良的……我閱讀她的傳記，愈覺得她很神奇、可敬。

病患的感恩永遠是最大動力

當護理師的成就感來源有小有大。像是我打針的功力還不錯，一開始因為很多病人來醫院打止痛針，比較常打止痛針的人，後來會愈來愈難打上。這種棘手的病人，會被護理人員放到最後處理。這時候，我就會自動幫忙這些病人打針，也因此練就現在打針的功力。

後來，有的病人需要打軟針，但因為水腫或太胖，護士就會向我求救：「這個病人真的很難打喔！」有時我一針就打上，大家就會很讚嘆：「你怎麼打得上？」這時候就會趁機教他們，該如何打針，如何增加自己的技術能力。

和病患的互動是最大挑戰，也是最有成就感的部分。有個末期阿嬤的家屬不斷質疑我們的處理。她的媳婦是台北某醫學中心的護理師，兒子在總統府內任職，認識很多大官，因此對醫護人員有較多的要求。這種事情常發生，大家都希望自己是ＶＩＰ。

後來家屬知道我們很認真在照顧阿嬤，也慢慢從愛抱怨的家屬變成看到護理人員都抱持友好態度。後來阿嬤轉去心蓮（安寧）病房療護，家屬也不斷的感謝我們，他們的正向回饋，就是我們堅持崗位的最大動力。

以前，我總覺得這些病患家屬很難搞，後來才理解，他們只是擔心害怕，希望能更掌握自己親人的狀況，因此才會把這些內疚不安的情緒投射到醫護人員身上。

敢講敢問，找回最重要的價值

我花了幾年的時間，才更確定自己身為護理人員的價值。很多護理人員會找不到自己的價值，面對醫生時特別自卑。因為護理師好像天生就是醫師助理的角色：執行醫生的醫囑指令，什麼事都要跟醫師報告；或者老是在打雜：幫病患把屎把尿、抽痰、翻身等等。

但其實醫師和護理師各有價值。以中心靜脈血管為例，為了預防病人被感染，醫生打針時花十五分鐘維持無菌，可是接下來幾個星期要靠護理人員維持無菌，病人才可以避免感染。若非常常省思，很容易忽略護理人員的價值。

隨著我愈學愈多，就比較有自信跟醫師互動，讓醫師知道護理師和他們是處於平等地位的。有時候我也會跟醫師討論，有沒有開某種藥的必要。很多護理人員在跟醫師溝通的時候，常常只是遵從。但我會問「為什麼」。為什麼昨天做血液培養，今天還要做？有時候醫生會跟我解釋，我也會去找研究報告來跟醫師討論。

護理人員的工作，是讓病患維持身心靈的舒適，並不像別人認知裡的低階工作。我也期許自己，在這個忙到沒時間吃飯、喝水、上廁所的工作中，可以做到照顧病患的身心靈。

我希望別人可以在我身上看到護理的價值：身為護理人員，我們不需要在醫療這塊勝過醫師，當然勝過也沒關係，但我們還有其他重要的任務與使命。就像南丁格爾說的：「這世界不缺一流的醫生，但是欠缺一流的護士。」

（採訪整理・林韋萱　攝影・黃建賓／摘錄自《親子天下》第四十二期）

人物看板

今日人物：**李彥範**

- 6 年級生
- 花蓮慈濟醫院急診副護理長

非常任務：

既是大男人，也是急診室裡的小護士，還是佛教醫院裡稀有的基督徒。受到南丁格爾故事的啟發，在護理工作中體會到成就與尊嚴。

人物觀點：

我希望別人可以在我身上看到護理的價值：身為護理人員，我們不需要在醫療這塊勝過醫師，當然勝過也沒關係，但我們還有其他重要的任務與使命。就像南丁格爾說的：「這世界不缺一流的醫生，但是欠缺一流的護士。」

10 分鐘，生涯想想：

- 有哪些行業對你來說，是你絕對不會想要從事的？
- 為什麼你不想要從事這些行業？
- 請試著說明你理想中的行業，需要具備的三種最重要的特質。

延伸閱讀

《E.R. 男丁格爾》經典雜誌出版。
《南丁格爾與近代護理》校園書房出版。

台大物理系教授吳俊輝，在追尋嫦娥的過程中，發現對宇宙的嚮往。
研究宇宙，對他來說不只是學術研究，更是找尋人類未來方向的使命。
他也深入民間開辦營隊指導製作望遠鏡，幫助年輕或資源有限的人，
用最低的成本追求最大的夢想。

—— **吳俊輝** 物理系教授

找嫦娥，看見宇宙的祕密

物理系教授——**吳俊輝**

剛上國中時，我沒有考上資優班，為了證明自己沒那麼差，因此非常用功。那段時間學業壓力大，為了找到自娛的管道，我開始研究月亮。那時看到《牛頓》雜誌上刊登月球表面的照片，心裡起了疑竇，因為常聽嫦娥奔月的故事，用肉眼看月亮，上面也好像有黑影在晃動，心想那一定是嫦娥或是玉兔，怎麼可能只是一堆坑洞？

為嫦娥自製望遠鏡

為了證明大人是錯的，我決定自製望遠鏡觀察月亮。我知道望遠鏡很貴，家裡不可能買給我，加上自小養成「自己的玩具自己做」的觀念，因此便想ＤＩＹ。

我母親是人體油畫家張淑美教授，雖然沒辦法指導我做望遠鏡，但卻非常支持我的計畫，總是騎著機車載我到書店及圖書館找資料。後來我用水管、木材、化妝鏡等，自製了兩台望遠鏡。但是，透過ＤＩＹ的望遠鏡裡所看到的月亮，卻是一片死寂。傷心之餘，我就把望遠鏡收起來，讓它塵封了兩年。

國三那年，曾經轟動一時的哈雷彗星造訪地球。全家陪我上台中中興嶺拍攝，但因為外頭又冷又黑，家人都留在車上睡覺，我便隻身帶著望遠鏡在外面追尋彗星。我拍了兩百多張傳統的底片照片，沖洗出來後，僅有其中兩張清楚的捕捉到哈雷彗星。這件事在親友和學校間引起騷動，很多人跑來跟我要照片，這讓我當年找不到嫦娥的陰霾也漸漸散去。

同時間，史蒂芬·霍金的《時間簡史》出版了，我兩天就看完，但看不懂。小孩子對於愈看不懂的東西就愈崇拜，因此我便立下志願，希望將來可以成為研究宇宙的科學家，更希望可以跟霍金比肩而坐合影留念。

進入了台大物理系後，自以為成了半個物理學家，學業便鬆懈下來，花了很多時間投入學生運動，像是當年的野百合，也當了學生會會長，大家都認為我會從政。但是，在這過程中，也難免一些流言蜚語，讓我覺得愈來愈不快樂。

大四那一年，突然覺得我大學沒有好好念書，很對不起當年的夢想。於是，我思考了未來的三個方向：從政、從商、做學者。因為對命理很感興趣，為了決定出路，我請台大哲學系楊政河教授幫我確認，他一看我的八字、面相，也建議我做學者。所以我選修了物理研究所的課，漸漸又回到念書的路上，也申請到英國的研究所。

無用的研究，為何要做？

碩士畢業後，申請進入劍橋大學的霍金小組博士班時，我非常興奮的昭告天下，但通知完就後悔了。我開始擔心，如果被退學怎麼辦？但就是因為有這種壓力，所以更用功念書。第一次見到霍金，我很緊張、感動，也很擔心聽不懂他喇叭講出來的話。後來逐漸發現，他跟普通人一樣愛說笑、愛聊女人，並不需要神化這些科學家。

回國後，我主要的研究是跟中央研究院合作，在夏威夷的活火山上從事「阿米巴」

計畫。我們前後花了新台幣六億多元，目的要偵測來自於宇宙誕生和演化的訊號。

終於，在二〇〇七年到夏威夷進行第一季的阿米巴宇宙觀測計畫時，某天凌晨我坐在住處一樓客廳，看著小筆電執行龐大的數據資料分析。幾個小時後，螢幕上突然出現了來自一百四十億年前宇宙誕生的訊號，這代表六年多來的心血沒有白費，也代表著計畫的成功，心中盡是百感交集。

由於我們不是造物主，所以宇宙運行的真理永遠不能真相大白。有人質疑，既然不可能真相大白，為何還要花數億元去進行研究？

容我提醒，牛頓在三百多年前，看到蘋果掉下來，於是發明了萬有引力定律和微積分。當時的人笑他，蘋果掉下來，吃掉就好了，為何還要算半天？但是，如果當時牛頓沒有發想出萬有引力，今天就不會有人造衛星和飛行等與重力及力學有關的科技。

同樣的，我們的計畫就是希望對時間、空間能有更徹底的了解。甚至希望有朝一日可以製造出時光機，穿梭宇宙。因為我們只有一個地球，而地球隨時都受到天災人禍的威脅。如果我們對宇宙有一定的了解，萬一地球發生變化，至少我們還知道要往宇宙的哪個方向去、要怎麼去。

做水管望遠鏡回饋社會

我知道自己大部分的研究成果都是不能應用在生活上的。像是阿米巴的宇宙研究成果，大多數人其實都看不懂。我們那台自製的儀器全世界也僅此一台，根本沒人要買！就算買來也只能看宇宙誕生，沒有其他用處。我的研究成果並無法提升人類的生活品質，也不能讓手機從 4G 變 5G。但這龐大的研究經費，卻是源自於納稅義務人，讓我心裡覺得虧欠，感覺和大學時期滿腹人文關懷的理念已相去甚遠。

我抱著贖罪的心態從事社會服務和科學推廣，像是舉辦營隊教大家使用水管做天文望遠鏡，成本雖只有數千元，效果卻可媲美外面賣的數萬元望遠鏡。每次辦完營隊，我都會收到學員寫信給我，稱頌自製望遠鏡的效果，還附上他們用水管望遠鏡拍攝的天文照片，這讓我開始覺得，原來我對社會還是有點貢獻的。

台灣很小，我希望能用低成本讓望遠鏡在台灣普及，讓更多人圓夢或受到科學啟發。

我從人生起伏的過程中所學習到的心得是：人一定要先有夢想，然後固執的堅持它。不要因為別人的肯定或否定，就肯定或否定自己。在成長過程中，要慢慢學會替自己打分數，不要讓考試成績或是外界評價來替自己打分數。

我國中立志當科學家後，就陷入迷思：考試考得好就是被肯定，考不好就是被否定。台灣對於什麼是好學生，長期以來有著唯一的定義，但這是很扭曲的價值觀。像是一台跑車，什麼零件最重要？絕對不是只有引擎。可是我們的教育好像要人人成為引擎才會被肯定，卻沒有教孩子，成為輪胎或方向盤也都是同等重要的。

做走一直線的烏龜

以前覺得有些科學家很偉大，但真的跟他們認識之後，就發現他們只是比大多數人更知道自己的專長興趣，所以比較早起步，心無旁鶩。就像龜兔賽跑，立定目標走一直線的烏龜，一定是比毫無目標團團轉的兔子走得更遠。

台灣的孩子，很多都是團團轉的兔子。在學校時，一直依循著別人的價值觀前進，等到離開校園不當學生後，便突然失去了方向。我覺得，要訓練孩子的自主思考，應該每天給他至少三小時的自由支配時間，問他想做什麼，讓他們找出自己真正的興趣和方向。

我常給學生玩一個小遊戲。問他們：二十年後你希望別人怎麼稱呼你？是「王董」還是「陳教授」？什麼樣的稱呼會讓你快樂？這大概就是你可以努力的方向。

（採訪整理・林韋萱　攝影・林宥任／摘錄自《親子天下》第四十二期）

人物看板

今日人物：**吳俊輝**

- 5 年級生
- 台大物理系暨天文物理研究所教授

非常任務：

擔任「阿米巴宇宙望遠鏡計畫」主持科學家，在夏威夷觀測宇宙的誕生與演化。

人物觀點：

人一定要先有夢想，然後固執的堅持它。不要因為別人的肯定或否定，就肯定或否定自己。在成長過程中，要慢慢學會替自己打分數，不要讓考試成績或是外界評價來替自己打分數。

10 分鐘，生涯想想：

- 你的夢想是什麼？
- 你的夢想是否這輩子非實現不可？
- 你有實現夢想的策略嗎？說說看你的做法。

哪一個有抱負的年輕人，不想要恭逢一個驚天動地大時代的來臨？但這一待下來，就再難回頭了。先是省市長開放民選，後來則是總統選舉……就這樣被時代浪潮一直、一直推著走，步上了我以前從未想過的政壇。雖然，事情的發展已經遠離了當初的理想，但是，至少我曾經熱切的夢過、燃燒過、戰鬥過；即使最後也痛過、受傷過，但我的生命領有勳章，不虛此行了。

—— **羅文嘉** 水牛出版社負責人

我不後悔轟轟烈烈過

水牛出版社負責人——羅文嘉

我是桃園新屋出生長大的鄉下小孩。

一九六〇年代台灣的鄉村很窮、醫藥也很落後，我出生時體積和重量都很小，我的阿公想：這個孩子大概又要養不活了。

出生時很小一隻，等到進小學念書，當然也不會大到哪裡。別的小孩，比我高大強壯，玩起遊戲我很吃虧，運動會的大隊接力，也沒資格參加。有時難免，還會聽到同學嘲笑：「矮冬瓜。」

這對當時剛進團體生活的我，是很受傷的。於是，漸漸我失去了開朗，也沒有勇氣嘗試新的事物，很想把自己包起來，不必跟人講話。這樣的童年，好像是剛出廠的小汽車，才走沒幾步，就故障停在路邊，沒人理會你，也沒人搭救你，只能眼睜睜，看別的車，從你身邊呼嘯而過。

我本來是很沒有自信的害羞小孩，直到國小三年級的一場演講，才改變了我。

記得某個下午的第一堂課，老師走進教室：「小朋友，學校要舉辦保防演講比賽，有沒有那個同學要參加的？」當年，學校常在宣傳保密防諜的重要性，就像現在在宣傳反毒教育一樣。

我想當時老師，極有可能是隨口問問，若要選擇代表班上參加比賽，當然是要大方開朗、口齒清楚的小朋友。沒想到，坐在前排的我，竟然毫不猶豫，立刻舉手說：「老師，我要參加演講比賽。」

空氣有沒有立刻凝結住，我不知道。但我知道，從我有記憶開始，我的哥哥常常參加演講比賽。小孩子為了準備比賽，都會站在桌子上，雙手交叉在背後，搖頭晃腦講話，我看在眼裡，充滿羨慕與崇拜。但是，通常演講結束後，我問媽媽：「哥哥去參加比賽，結果呢？」

結果當然是不太順利。這樣的情況經常上演，於是，我為自己許下一個心願：「以後長大，我一定要參加演講比賽，幫哥哥報仇。」

這個下午，沉睡已久的記憶，就這樣突然被喚醒；老師很善良，竟也這樣就讓我代表參加比賽。

比賽當天，我站在司令台邊，全身顫抖，後悔不已。為什麼我要自投羅網呢？為什麼我要自找苦吃呢？為什麼我無法控制我的身體發抖呢？為什麼全校同學都在看我呢？為什麼、為什麼……我的腦袋，只剩下為什麼。

當時我真的好無助、脆弱和羞赧。

還好上台後，事前準備的講稿，又奇蹟式的跑回來。「保密防諜，人人有責。做好保防工作必須，第一……」。即使事隔三十幾年，我依稀能記得當時的幾句話，和那天熱炎炎的太陽。

一個星期後，成績揭曉，我得到第二名。很不可思議吧！這表示很多事，也沒那麼難嘛。尤其經歷司令台邊，發抖後悔那一段，我更加知道，人的很多恐懼，是因為沒經驗、沒信心。一旦度過了，回頭看，你會發現還滿容易，也滿好笑的。

從此學校有任何比賽，我都會自告奮勇參加。包括：朗讀比賽、注音比賽、作文比賽、查字典比賽，甚至學期末同樂會，沒人表演，我也樂於奉獻。

那場演講，可以說改變了我一生。因為，我找到了自信。如果在後來的生命裡，沒有這股自信，我想我是不可能去面對那麼多挑戰的。

意外踏上政途

國中以前，我的學業算是名列前茅，但那是因為鄉下學校競爭不激烈，蜀中無大將，我這個「廖化」才可以做先鋒。

雖然我功課不錯，可是，我對聯考制度極度感冒。當時國文課每週都要寫作文，不管老師出什麼題目，我都洋洋灑灑長篇大論痛罵聯考制度，上課也不認真聽，「頑劣」到把老師氣到在休息室哭。

高中考上校風自由的師大附中，我們那一班，剛好又是最調皮搗蛋的「痞子班」，每週整潔秩序都敬陪末座，用功讀書的乖寶寶在我們班是稀有動物。我雖然不抽菸打架，但我也沒把課業當一回事，動不動就鑽到光華商場看那些民國史的舊書，還在日記中豪邁寫道：「我不再為分數而活。」

因為對功課太散漫，不但弄到差點被留級，大學聯考也只考上逢甲銀行保險系。我對商完全沒興趣，決定重考，隔年才考上台大政治系。

其實，我從國中起，就對政治很感興趣，很喜歡閱讀近代史、民國史。中學時期的我，深受國民黨黨國教育影響，國中時認真拜讀蔣介石的《中國之命運》；高中時還參加「三民主義研究社」，是個超級「忠黨愛國」的少年。

大學時，我住男四舍，一搬進去，聽學長們「幹譙」國民黨，忠黨愛國如我，一開始覺得真是驚世駭俗。但仔細研究過後，我才恍然大悟，原來過去的自己被「洗腦」得這樣厲害，了解愈深，愈覺得驚心。從此政治立場不變，並且全力投入八〇年代的學運。

不過，當時的我雖然對政治很感興趣，但從沒想過會走上政途。

我本來打算退伍後就赴美深造，連托福都報了，說起來，也是命運吧？當時，有個學姊在阿扁那裡當助理，她剛好要辭職，便推薦我去幫忙。對我來說，這原本只是個短期工作，可是當我打算離開的時候，剛好碰上國會全面改選，我不好意思，一直幫忙到打完選戰才提辭呈。

恭逢驚天動地的大時代

可是，我老闆勸我，說我們現在面對的是一個破天荒的變遷——立法院第一次成為政治中心，如果我真的對政治感興趣，應該要留下來，美國要去隨時可以去，但這個機會卻是千載難逢的。

哪一個有抱負的年輕人，不想要恭逢一個驚天動地大時代的來臨？

但這一待下來，就再難回頭了。先是省市長開放民選，後來則是總統選舉……就這樣被時代浪潮一直、一直推著走，步上了我以前從未想過的政壇。

我爸一直反對我從政，他覺得政治「不是要害人家，就是要被害」，而且，這是一個「要看人臉色的工作」。即使我當上台北市新聞處長，成為最年輕的政務官，他還是憂心忡忡，常常勸我：「還是換個『正常』一點的工作吧？」

你問我是否曾經後悔過？我講真的，儘管如今物換星移、人事全非，但，我並不後悔；甚至，我覺得自己非常幸運，曾經在那樣一個美好、有夢的年代轟轟烈烈活過。

那是一種革命情懷，我們鬥志昂揚，深深相信自己有力量可以改變一個城市、一個體制，甚至一個國家！

也許有人會說：「你相信的那個烏托邦，最後還不是夢碎了，有差嗎？」

怎麼會沒差？當然有差！雖然，事情的發展已經遠離了當初的理想，但是，至少我曾經熱切的夢過、燃燒過、戰鬥過；即使最後也痛過、受傷過，但我的生命領有動章，不虛此行了。

那個江湖，離我很遠了

有些人用「歸隱」來形容我現在的人生，不過，我倒不覺得自己是「歸隱」。我只是換一種方式來關心土地而已。

我們基金會（旅行與閱讀基金會）跟徐薇老師合作，在新屋圖書館開辦英文班，每週末免費幫經濟比較弱勢的孩子上英文課，從四年級一直上到小學畢業；此外，我們也跟朱宗慶打擊樂團合作，跟兩所桃園地區的國小配合，免費提供孩子音樂課程。

▲羅文嘉回歸田地，耕種自己的夢土。

水牛書店在四月就要正式開幕，我打算推行一個活動：只要在學校借滿若干本書的小朋友，就可以獲得書店的愛書卡，憑卡可免費來領一本書籍。此外，我也教書、種田，我的田叫做「我愛你學田」，賣米所得的盈餘，用來幫助新屋鄉弱勢兒童……

我在新屋長大，對這裡有極深的感情；我的本質，其實一直是個鄉下小孩，回到故鄉，我才感受到真正的自在。我很高興，能幫鄉親做一點事情。

我前陣子跟太太聊天，突然有感而發：不搞政治以後，能做的事情變得好多好多。以前搞政治的時候，不管我做什麼，人家都會戴著有色眼鏡解讀，看不到真正的關懷；而且，政治佔據我太多時間，我的人生除了政治，好像就沒別的了。

離開政治以後，我做很多決定，「乾淨」了許多。你千萬別誤會，我的意思並不是指政治必然貪腐，但在政治場上，每一個決定都會受到各方力量牽制，想順姑情難免就得逆嫂意，沒辦法單單純純貫徹自己的初衷。

現在，我終於可以不受干擾的做自己想做的事情了。而且，也終於有時間陪伴我生命中最重要的家人了。

如果沒有特別行程，我就會到新屋來，傍晚忙完農事或基金會的事，就回台北陪我妻兒吃晚飯。飯後陪孩子做做功課、聊聊天，假日則帶他們到新屋來，一起騎腳踏車、划竹筏……日子過得平淡，但是也平安、踏實。

一直到現在，還是有媒體不死心來探問：「你打算『沉潛』到什麼時候才要重披戰袍？」他們真的不明白，對於權力，我真的已經無憂、無懼也無求了。

唯一讓我心裡還有一點過不去的是：對支持者的辜負。有時搭計程車或去小吃店吃東西，被支持過我的運將或店主人認出來，雖然我已經不再是檯面上的人物，他們還是熱情依舊，端出滿桌吃食，拚命為我加油打氣：「唉呀，你怎麼『歸隱』了？我們需要你啊！」「再出來選吧，我支持你！」

我是浪漫的人，那一雙雙熱切的眼神，仍讓我感動不已；但我心裡明白：那個江湖，真的離我很遠了。

（採訪整理・李翠卿　攝影・黃建賓／摘錄自《親子天下》第四十四、五十三期）

人物看板

今日人物：**羅文嘉**

- 5 年級生
- 水牛出版社社長
- 曾任台北市新聞處處長、立法委員、行政院客委會主委

非常任務：

2012 年接手經營水牛出版社，一開始以社會企業模式經營，「後頭做倉庫，前頭順勢做小書店」，不以營利為目的。2013 年 11 月，水牛書店在台北正式掛牌營運。

人物觀點：

經歷司令台邊，發抖後悔那一段，我更加知道，人的很多恐懼，是因為沒經驗、沒信心。一旦度過了，回頭看，你會發現還滿容易，也滿好笑的。

10 分鐘，生涯想想：

- 在你的求學歷程中，有哪些特別的人曾經影響你的選擇嗎？
- 他們如何影響你？
- 你認為這些影響對你而言是正面的嗎？

丘成桐
龐德

PART. 3
深度的喜悅
從天賦到天職的承諾

我從小就非常非常喜歡音樂，我很愛聽、很想了解。
國中以後，媽媽才讓我去音樂教室學了三個月。
那時候，常常在音樂教室裡沒回家，因為那裡有很多我喜歡的東西。
高中時，我在學校裡很出鋒頭，會唱歌、會打鼓，又會彈琴，因為有音樂，我活得很開心。

——蕭敬騰

郭泓志

蕭敬騰
林生祥

擁有速球和左投的雙重優勢，郭泓志被國內棒球界譽為「神的左手」，
但神也開了大玩笑，讓他手臂不斷受傷，至今進行過5次手術，
即便一再歷經受傷、手術、復原、復出，他仍繼續追逐在大聯盟上場投球的夢想。

—— **郭泓志** 棒球選手

跌倒都會學到教訓，只要懂得爬起來就好

棒球選手——郭泓志

從小我就很好動，念忠義國小時，比較皮。爸媽看這樣不行，剛好有鄰居在打棒球，他們就問我：「要不要轉去公園國小，那裡有棒球校隊，也可以跟鄰居一起練球？」他們的想法很簡單，就是希望我能夠在學校把精力發洩完，回到家父母管教起來比較不會那麼累。於是我的棒球生涯就從這裡開始，其實那時候也沒什麼太多想法，就是愛玩而已。

正式到了棒球隊，有一天，看到學長神氣的出國比賽，我才開始覺得棒球好玩起來。從那時候開始，棒球才變成是我的興趣。當時球隊拿到全國軟式棒球冠軍，還在日本打到世界冠軍。小學開始打棒球，我慢慢培養出興趣，然後到了建興國中，就變

成理所當然的要繼續打下去。

國中開始叛逆期，好像有一、兩年，我變得比較不想打棒球，比較想打籃球。爸爸就告訴我：「如果你不想打球，那就好好念書；如果真的要打球，那就好好練習、好好打。」

教練也來跟爸爸聊，反正我功課也不算很好，所以後來還是好好打球。是爸爸的堅持把我拉回棒球隊。

高中畢業進大聯盟　沒有榮耀與風光，只有責難

一九九八年，我代表台灣去打亞洲青棒賽；之後，就跟洛杉磯道奇隊簽約，在一九九九年赴美打球，那段時間受到很多批評和責難。因為在當時，台灣沒有人高中一畢業就立刻去美國打球，不像現在，如果有球員要去美國大聯盟打球是榮耀，大家會很開心送你出國。在那個年代，你選擇這樣做，好像是你背叛國家一樣。

那時候的確因此引起不少的紛爭，爸媽很關心我，儘量不讓我知道外界發生什麼

事情。我人已經去美國了，感受不到，反而父母承受的壓力比較大。

現在回想起來，我不會覺得那個決定是對還是不對，如果再選擇一次，我也不知道會怎麼做。但其實就是照自己的方式去走，不要太在乎別人說什麼。那也只是一段經歷，所有事情一定都有第一次，就算我去當第一個，那也好。

剛去美國的時候，覺得很好玩，就好像出國去玩一樣。但經過兩、三個星期之後，才知道因為兵役等問題，暫時不能回台灣。我只能在那邊自己找事情做，想辦法融入美國。我常去看電影、去中國或台灣餐廳、去租台灣錄影帶或港劇，想家的時候，就儘量讓自己的生活跟在台灣一樣。

第一次受傷　原來，我把它想得太簡單

二〇〇〇年四月十日，我第一次在小聯盟登板投球，左手肘手韌帶斷裂。我那時候比較天真，不知道小聯盟和大聯盟的差別，甚至不知道小聯盟還有分1A、2A、3A等幾個等級。當時沒想那麼多，所以第一次受傷的時候，也沒有特別覺得不開

心，因為醫生說只要休息一年，回來就是會好。

現在回想起來，那個時候自己是想得太輕鬆了，因為你不知道，在這中間，要做多少的復健。復健真的滿累的，而且可能回來之後，手臂也沒辦法像之前一樣。那段時間我就儘量讓自己融入那個社會，也常打電話回家，跟家裡的人聊聊天。剛開完刀時，我媽和姊姊到美國去看我，在那兩、三個星期的時間，她們也給我加油打氣，希望我好好做復健，認真的復原。

我很早就去美國，幾乎都是一個人，所以比較獨立。因此，在美國的時候，我比較會主動去跟大家聊天。像有些美國記者，覺得你不懂英文，又是亞洲人，因此都會儘量不去打擾；如果你主動踏出第一步，去跟他們聊聊天，他們也就會很輕鬆的跟你聊起來。

二〇〇二年我回台灣打亞運，也上場投球，但還是以三：四輸給了日本。賽後，球迷和媒體對我有一些責難，其實那時候我滿傷心的。當時外界有一些期待，覺得我回來打中華隊就一定要怎樣。但我覺得，不管什麼人回來，代表國家去參加比賽，只要把自己最好的那一面表現出來，大家就應該給他鼓勵；而不是叫某個人回來，就是一定要拿金牌。畢竟棒球是一個團體的活動，需要大家彼此合作，才能贏球。

對我而言，棒球有輸有贏，最重要的是，不管你做什麼事情，就是盡力就好。

不論先發或救援 站上球場，就認真看待自己

過去打球時，我的得失心比較重：今天我投球，進球場我就是要贏，一定要表現得很好。但在經歷這麼多次的受傷之後，我體會到，打球真的是開心最重要。不管丟幾局、失幾分，其實還能夠站在投手板上投球，我就很開心了。

不管做什麼事情，跌倒都會學到教訓，你只要懂得爬起來就好。人生有目標很重要，不管你有怎樣的目標，都要想辦法去達成。當然周遭人的鼓勵，也是很重要的；不管是家人或朋友，鼓勵永遠比自責好很多。目標達成之後，再找下一個目標；人生有很多不一樣的目標，你只要有目標，就會努力去達成。

例如我在復健、復原的過程中，付出非常大的心力，也忍受很多痛苦。很多人都

會問我：「你這麼輕鬆，只上去投一局，然後一年可以賺這麼多錢，看起來生活很好。」但他們不了解，當我為了投那一局，背後要付出多少努力，是外人很難想像的。

我的個性，比較不服輸。如果有人告訴我「你這個做不到」，那我就會不服氣為什麼有人這麼覺得？所以我就做好自己，做給你看。不管我花多少時間，就是要拚給你看，讓我對自己也能夠交代，這是最重要的。

在棒球場上，怎麼看待自己很重要，不一定先發投手就是主角，也不一定中繼或救援投手就不重要。最重要的是，你怎麼看待自己所扮演的角色。尤其在家人眼中，我永遠都是主角，那我只要把自己的那一部分角色扮演好，就成功了。

家人都非常支持，他們都會希望我開心打球就好；他們都能體諒我的手受過傷，因此若要我努力去拚，那對我來講也是一種壓力。所以，家人就是互相鼓勵、互相打氣。現在對我來講，就是得失心不要太重，開心打球最重要。我也體會到，如果很開心的去做一件事情，那就會真的不一樣。

每當我遇到挫折的時候，家人的支持很重要，像老婆都會鼓勵我要對自己有信心，因為對自己有信心，做起事情就會不一樣。如果你對自己沒有信心，那別人也不會對你有信心。希望現在新進的學弟們，也能夠認真訓練、快樂打球，這是最重要的。

自由一點比較好 你愈逼我，我就愈想要去做

現在，我也當了父親，打球之餘，現在的生活就是當一個好爸爸。我常想：要怎麼做好這個角色，我也常常在思考學習。

爸爸、媽媽對我的管教方式不一樣。爸爸屬於老一輩的做法，總是告誡我：這個不行做、那個不能做。例如，爸爸規定我不能抽菸，但他不會告訴你：為什麼不能抽菸，或者抽菸對身體不好之類的話。但媽媽就不一樣，她的管教比較自由。如果你想抽菸或想幹麼，那就去做做看，但你試了之後，就會知道這個東西是不好的。

譬如，高中的時候，我喜歡特立獨行，別人理平頭，我就用髮雕故意弄個沖天炮；去美國時，我還穿耳洞、戴耳環。媽媽也沒罵我，就只是問我：「這樣有比較好看嗎？這樣有比較帥嗎？」我自己就會知道，原來這樣好像也沒有比較帥。

以前的人，看到你刺青、染髮，就覺得你是壞小孩。但我覺得這都不代表什麼，一個人的個性好壞，並不是因為他的外在。所以我覺得我媽的管教方式，對我而言是滿有用的。

因為你愈逼我，我就愈想要去做，反而讓我自由一點，其實比較好。媽媽的管教，總是願意讓我試看看，試了之後，就會知道好或不好。我現在也當爸爸了，也希望像媽媽一樣，不要限制小孩的興趣，讓他自己去發展。

我也會鼓勵小孩要有自己的目標、有自己的夢想。就像現在很多小朋友喜歡唱歌，喜歡參加歌唱比賽，想拿冠軍，那也是一個目標。想要做什麼事情、想要去完成，例如想去念大學，這就是一個階段、一個階段的目標。當你有目標的時候，就會想要去完成它。

對於人生的下半場，我現在該有的都有了，自己也很容易知足；有時陪陪家人就很心滿意足。當爸爸之後，我學習到了要很有耐心；尤其有小孩之後，才知道以前自己有多皮、多壞，多麼會頂撞自己的爸爸媽媽。

我現在的人生目標之一，就是做個好爸爸。我心目中的好爸爸，就是當一個好榜樣，成為我女兒學習的對象。

（採訪整理．鄭任汶　攝影．楊煥世／摘錄自《親子天下》第四十二期）

人物看板

今日人物：**郭泓志**

- 7 年級生
- 職業棒球選手
- 征戰美國大聯盟 13 年，現為中華職棒聯盟統一獅隊球員。

非常任務

- 2007 年，成為第一位在大聯盟擊出全壘打的台灣選手
- 2009 年，成為第一位在大聯盟季後賽拿到勝投的台灣投手
- 2010 年，入選美國職棒明星賽，在當年締造「開季連續 36 打席未被左打者擊出安打」的大聯盟紀錄

人物觀點

在棒球場上，怎麼看待自己很重要，不一定先發投手就是主角，也不一定中繼或救援投手就不重要。最重要的是，你怎麼看待自己所扮演的角色。

10 分鐘，生涯想想：

- 如果讓你自由選擇未來的升學途徑，家庭狀況會是你的主要考量嗎？
- 承上題，如果會，那麼最主要的考量點是什麼？
- 承上題，如果不會，那麼你做選擇時最主要的考量點是什麼？

如果，我現在能夠與十年前那個逞強、叛逆的自己相遇，我想我不會覺得他很「討厭」，反而會覺得他有點可愛。

回頭看自己的成長經驗，我覺得，青少年可以做的事情其實很多，只是他們自己可能也不知道，加上沒有遇到一個可以引導他們的人，所以他們以為自己是沒有價值的。

—— **蕭敬騰** 知名歌手

那溫暖，讓我想變成好一點的人

知名歌手——蕭敬騰

一個眉清目秀，會畫畫、會打鼓、會彈琴、會唱歌，同時還是運動健將的男孩，他的成長過程應該是怎麼樣的？

被呵護、被肯定、被讚美、被鼓勵、被追捧？

不，並沒有。相反的，他的年少歲月充滿挫折，甚至還差點誤入歧途。這個男孩是蕭敬騰。

在智育掛帥的台灣教育體系裡，有閱讀障礙的他，永遠被劃歸為不及格的「壞學生」。他無法透過文字理解這個世界，而在那個時間點，他所處的世界也不能理解他的困境。這個「缺陷」，幾乎抵銷了他所有的才華。

在荷爾蒙狂飆的叛逆期，在萬華長大的蕭敬騰，把自己的青春弄得跟電影《艋舺》一樣。他蹺課逃家，打架尋釁，按照他自己的說法，變成了一個「討人厭的」、「很壞很壞的孩子」；只有在打鼓、彈琴的時候，才會覺得心情比較寧定。

但是，這些喜悅，可能很快就湮滅在混亂、浮躁的生活中。他接受對岸電子媒體訪問時，曾經這麼說：「我經常忘記我會這些東西，離開音樂教室以後，又回到原來的日子。」

幸運的是，少年輔導組的志工，在他站在人生懸崖邊的時候，拉了他一把，用溫暖的愛心、用他最愛的音樂，救贖了這個徬徨的靈魂。若不是這些人，今天的華人流行音樂圈，就不會有這位「洛克先生」。

二〇〇七年，剛滿二十歲的蕭敬騰，參加歌唱節目《超級星光大道》ＰＫ賽，以一曲唱腔濃郁渾厚、渲染力十足的〈背叛〉，擊敗當年人氣極旺的「星光班資優生」楊宗緯，一戰成名，踢館素人從此變成了家喻戶曉的大明星。

早就該給這個男孩的掌聲，終於如雷響起來。

或許是不習慣突然被萬人擁戴，也或許是不習慣對世界剖露自己，舞台上充滿爆發力的蕭敬騰，下了台卻安靜沉默、惜話如金，「省話一哥」的外號不脛而走。

幾年過去了，不少媒體說，蕭敬騰變了，從「省話一哥」變成「微笑老蕭」。不過，就算是「微笑老蕭」，基本上還是個靦腆慢熱的人，整個訪問「暖身」了好一陣子，他才比較放心的打開話匣子。

曾在學校體制裡受過傷的蕭敬騰，還夢想要「辦學校」，但不是那種教人讀書的學校，而是幫助年輕人早點找到出路的學校。

儘管如今身價驚人，但蕭敬騰生活簡單依舊，不過，對於公益，天王出手十分闊綽，一年以數百萬元計；對於與兒童、青少年福利相關的公益活動，尤其積極參與。

他的邏輯是，他運氣比較好，有音樂、有遇到少輔組的志工，所以沒有墮落；但是，並不是每個像他一樣處境的小孩，都有這麼好的運氣。當年，別人給他機會救他脫困；現在，他希望自己也能做個提供別人機會的人。

問他如果現在能夠與十年前那個逞強、叛逆的自己相遇，會怎麼看待這個男孩？

會覺得這個青少年很討厭嗎？

蕭敬騰笑了，幾乎不假思索的回答：「不，我想我會覺得他很可愛。」

Q 你年少時，是怎麼樣的一個孩子？

A 我是一個……不讀書的小孩。普通人說一個小朋友「不讀書」，是說他功課不好；但我「不讀書」的程度，是一般人完全無法想像的。我是「沒有辦法讀書」，我連最基本、最簡單的字詞，都沒有辦法理解。這些東西，是每一個人都會的，可是我就是不會，認識我的人，都覺得很誇張。

我覺得這樣非常不好，但是學校教給我的東西，無論我怎麼專心努力，我都無法吸收進去。

我不是沒有努力過，我試了，但不行。我那時候有交過女朋友，女生都希望跟功課好一點的男生在一起，我也曾經因為愛情的力量，很努力的嘗試過。但是，我真的沒有辦法克服，不懂，就是不懂。

Q 你身邊的人，像老師或爸媽，知道你的困境嗎？他們的反應是什麼？

A 他們就是一直逼迫我啊，有時候，可能會用一些「字眼」來講我，什麼字眼……我實在不想講。

後來，其實也不是逼功課了，因為，我後來就變得很壞，真的很壞很壞。在學校很不開心，我就不上課、抽菸、逃家、打架、混撞球間……反正就是變成不良少年，我爸媽一直很擔心我總有一天會出事，會變成社會的負擔。

Q 你一直強調你「很壞」，那時候的你，內心深處真的覺得自己是一個「壞孩子」嗎？

A 我心裡知道，我其實不壞，但是我「必須」這麼壞。

因為如果我不這麼壞，我就會被欺負；我不霸凌別人，別人就會來霸凌我，在我的世界是這樣。我想這是「命」吧？我的臉就長得很欠揍，一副討人厭的樣子。

Q 看你以前的照片，是很白淨纖細的孩子，為什麼說自己長得很欠揍、討人厭？

A 你們女生不了解國中男生的世界，我這種臉的人，就是會被討厭。而且，你們現在覺得我不欠揍，是因為我現在很正常，可是我那時候的行為、言語都很刺激別人。這樣說好了，如果上課的時候，有人拿打火機燒你的頭髮，你會不會覺得這個人很討厭、很想揍他？我以前就會做這一類的事，為什麼要做？說起來就只是幼稚、好玩而已。因為這樣，常跟人起衝突，有時候跟別人打，有時候跟自己朋友也會打，一天到晚都有打不完的架。

Q 你相當瘦欸，打架打得贏嗎（笑）？

A 我那時候比現在更瘦，但我還是打得贏（認真）。而且，打架有時憑的是一口氣，你要「敢」，就算打不過，志氣也不能輸。我從小就很喜歡運動，籃球、乒乓球……什麼球我都會打，體能不錯，而且，我們人多啊，又常打，打久了經驗豐富就不太會輸。

Q 幸好你年少輕狂的時候，沒有被吸收進可怕的幫派……

A 我自己就組織幫派了呀，幹麼還要等別人來「吸收」？我跟我好幾個「不乖的」朋友一起，就像開公司一樣，把組織「經營」起來。

Q 你是因為行為偏差才進少輔組嗎？

A 我不是被「送去」少輔組的，會因為做壞事被「送去」的那種地方是感化院。少輔組不是這樣，他們會主動來親近、陪伴他們轄區的問題少年。

少輔單位不像警察，也不像少年感化院，會把你「抓進去」，用各種手段「糾正」你的行為；他們對我們做的，就是去我們常出沒的地方，像是撞球間、某一條巷子，陪我們去做我們喜歡做的事。比如說，我沒去上課，去撞球間打撞球，他就陪在我身邊跟我一起打。

一般正常的大人對我們這種行為偏差小孩的反應就是：你不讀書，我就逼你讀書；你要打電動、打撞球，我就逼你不要做。但少輔組的志工不是，他們不是來教

▲ 雖然現在做的音樂，還是要考慮市場，跟夢想中想做的自由的、單純的音樂還有一點距離，但對蕭敬騰來說，能夠與音樂為伍的工作，是快樂的。

育你、矯正你的，他們只是來陪伴你、親近你，跟你講話、給你溫暖，不知不覺中引導你。

我後來，是自己主動走進少輔單位的，因為，我覺得那裡有溫暖，那種溫暖，讓我想變成一個好一點的人。

Q 可是你當時不會覺得這些「外人」常在旁邊黏著很礙事嗎？

A 他們又沒有像其他大人一樣，強迫我們去做他們覺得我們「應該」做的事，他們只是陪我們玩而已，那就讓他陪啊。

而且，因為他們跟我們是「完全不同世界的人」，我有機會可以在他們面前表現自己。比如說打撞球好了，我們在朋友面前，通常不會講自己有多厲害，因為我們都一樣厲害，講誰厲害說不定就有人不爽，吵起來甚至打起來。可是他們跟我們是不同世界的人，我可以在他們面前展現我有多厲害，青少年有時候想要的，就是認同而已。

少輔組的人認識我的時候，本來不知道我會打爵士鼓，但我信任他們，所以我有告訴他們。他們知道以後，就跟他們上級單位要了一些經費，買了一套爵士鼓放在那裡，讓我在裡面教一些小朋友、大朋友打鼓，還連續兩屆幫我報名「善心人士獎」，我後來真的因為這樣被市政府表揚。

少輔組的人一直丟東西給我，製造很多的機會給我，讓我覺得我是有用的人，原來，我不是社會的負擔，還可以幫社會做很多事情。

我覺得，青少年可以做的事情其實很多，只是他們自己可能也不知道，加上沒有遇到一個可以引導他們的人。現在，只要有跟兒童、青少年有關的活動，如果許可，我都很願意親自參加，站在他們面前。你親自到他們身邊，跟只是接受訪問或是拍拍VCR，感覺是完全不一樣的。

對青少年，特別是問題青少年來說，像少輔組這樣「跟他們不同世界」，但是又不帶偏見、願意走入他們世界的人，是很重要的。小孩如果已經到了拒絕回家的地步，一定有他的理由，老師父母來強力管教，經常只會讓他們跑更遠。我自己就是這樣，如果那時候去撞球間找我的是我爸媽，我應該會立刻逃跑吧？可是，那些大哥哥來陪我，我就覺得很溫暖，很有安全感。

Q 除了少輔組提供的溫暖，音樂也是你人生的重要救贖，你曾說過「如果沒有音樂，你可能會變成流氓」，你是怎麼開始接觸音樂的？

A 我從小就非常非常喜歡音樂，我很愛聽、很想了解，一直吵著要學，但是我家裡環境很辛苦，一直沒有辦法讓我學。

那時候，最想學的是打擊樂。我很愛聽以前的西洋搖滾專輯，很喜歡那種強烈的節奏，有人說搖滾很叛逆，可是我聽起來，那不是叛逆，而是一種很正面、很有能量的音樂。

吵了很久，到我國中以後，我媽媽收入稍微穩定一點，才讓我去音樂教室學了三個月。至於鋼琴，則是自己摸索的，沒有花錢學。要彈出旋律，對我來說是很簡單的事，可是，之後想再進步，就會遇到瓶頸，我就上網去看影片啊，不斷問人啊，慢慢的，一步一步學會的。

我那時候，常常就住在音樂教室裡沒回家，可能看我真的很熱愛音樂吧，音樂教室的老闆很喜歡我，沒有趕我走，還讓我留在裡面，免費嘗試任何我想要嘗試的樂器。因為那裡有很多我喜歡的東西，我心就比較定，對我爸媽來說，留在那裡當然也好，總比在外面亂跑打架鬧事好。

Q 你這麼喜歡音樂，為什麼高中、大專時沒選擇念音樂？反而去念了室內設計、化妝品管理之類的科系？

A 我選這些科系，是因為除了音樂以外，我也很喜歡畫畫，對顏色、線條很敏感。我國中時，還有去參加一個全台灣的畫畫比賽，如果沒記錯，我得了佳作。

我誤以為進去就可以一直畫畫，才會去念這些科。結果，跟我想像的不一樣，還是要一直讀書，像室內設計，要學比例尺、學工程製圖；化妝品管理也是，並不是讓你化妝，你要學化學、學製作化妝品的過程，讀書不是我的強項，上課好痛苦。

高二升高三的暑假，我曾經去考過華岡藝校的表演藝術科，我沒有過，當時是有一點沮喪，但後來，我非常慶幸我沒考上。我從小就很討厭學校裡的競爭，要我拿音樂去跟人競爭，我更討厭。音樂是我的最愛，我為什麼要拿一個我這麼喜愛的東西去跟人考試？變得像「功課」一樣？

念高中時，我在學校裡很出鋒頭，會唱歌、會打鼓，又會彈琴，因為有音樂，我活得很開心；如果我念華岡藝校，把我鍾愛的音樂拿去跟同學比來比去，那個快樂就會變得不單純。

Q 當初為什麼會到西餐廳駐唱？音樂變成工作以後，「感覺」有變得不單純嗎？

A 講實話，是因為錢。我十七歲以後，父母就不給我零用錢了，我必須要想辦法賺錢，但是，我絕對不要做我不喜歡做的事情來賺錢。

我在想，世界上應該存在一種行業，可以靠音樂來賺錢吧？我上網去找，找到了在西餐廳演奏鋼琴的工作，本來是只彈琴，不唱歌的，後來那家餐廳不在了，我到天秤座，才開始駐唱。

一開始收入非常少，一週只有一個班，一個班兩百三十元，可是，我真的很開心耶，做我自己喜歡做的事，上班就是練習，又可以領錢，多好啊！後來，因為老闆、客人喜歡我，就開始加我的班次，我沒有仔細算過最多有幾班，我只知道，我十八歲時，一個月就有十幾萬收入了。

我在餐廳駐唱時間只有兩年，二十歲去星光大道PK完就出道了。雖然，我現在做的音樂，還是要考慮市場，跟我夢想中想做的自由的、單純的音樂還是有一點距離，但至少，工作是快樂的；至於理想，沒關係，時間還很多，我相信我有一天會一步一步達成的。

（採訪整理‧李翠卿　攝影‧黃建賓／摘錄自《親子天下》第四十六期）

人物看板

今日人物：**蕭敬騰**

- 7 年級生
- 知名歌手
- 2007 年參加台灣電視歌唱選秀節目第一屆《超級星光大道》的挑戰單元，一唱成名，從素人一躍成為家喻戶曉的大明星。

非常任務：

2011 年跨界演出電影《殺手歐陽盆栽》擔綱男主角，並獲得 2012 年香港電影金像獎「最佳新演員獎」。2013 年以《以愛之名》專輯獲得第 24 屆金曲獎「最佳國語男歌手獎」。

人物觀點：

雖然，我曾在學校體制裡受過傷，但我仍夢想要辦一間學校，只是我夢想中的學校，不是那種教人讀書的學校，而是幫助年輕人早點找到出路的學校。當年，有人給我機會救我脫困；如今，我希望自己也能做個提供別人機會的人。

10 分鐘，生涯想想：

- 生命中，有沒有其他事物曾經影響你？（書、電影、特別的經歷或其他事情？）
- 說說看，他們帶給你什麼樣的影響？
- 你是否曾經因為這個影響，而改變過自己的選擇？為什麼？

別人練一個月的曲子，他一星期即可練就，
掩不住的天分讓林生祥很早就走上音樂路，
出道後，他用音樂參與家鄉美濃反水庫運動。
把客家、搖滾、社會抗議都寫入歌曲，
也把腦中夢裡的音樂真實的帶到人間。

—— **林生祥** 音樂創作人

在美濃寫世界的歌

音樂創作人——林生祥

大概在大三時我就想做職業的音樂人，算是滿早就立定志向了。那年我辦了樂團的創作發表會，當時票價七十元，買票進場的有七百多人，在那個年代算是滿厲害的。做完創作發表會，確定自己可以創作，覺得有機會成為一個職業的音樂人。有些很難的曲子，別人要練一個月才練得起來，我可能一星期就練起來。感覺自己好像比別人有天分，因為我學得比較快、彈得也比較扎實，對樂器也很有耐性。

一九九七年退伍之後，我開始巡迴演出，第一場就在家鄉美濃表演。那時我就知道，我想做的音樂跟流行唱片不一樣。一九九四年我放寒假回美濃，接觸到反水庫運動，認識了美濃愛鄉協進會的鍾永豐與鍾秀梅。有一天我把票房五萬元帶去捐給他們，嚇了他們一跳，我是這樣跟他們結成朋友的。

一九九七年巡迴演出之後，我就懵懵懂懂出道，開始出唱片。那時候也沒錢，就在淡水瓦窯坑租房子，摸索我的音樂風格。

要做第二次巡迴的時候，我感覺自己的創作能量一直掉，也不知道要寫什麼。每天很認真的抱著琴，山腳下沒人吵我，可是我也寫不出東西。那時鍾永豐從美濃上來找我，我們在淡水河邊抽菸喝酒，他說：「生祥，要不要考慮回來，現在美濃反水庫很好玩。」我告訴他自己創作遇到瓶頸，他就說：「因為你待在這個地方跟人沒有接觸，對社會沒有特別的觀察跟自己的觀點。」我考慮了三天就決定回去。

幫王爺慶生，唱一半被轟下台

之後，就跟著永豐在美濃愛鄉協進會工作。但我看到電腦就會頭暈，不會打字，也不會寫新聞稿，就跟永豐說：「老實跟你講，這裡的事我都不會做，但是叫我做音樂，我可以！」於是我們開始討論，看能不能做反水庫的音樂。他花了很多時間陪我一起做出《我等就來唱山歌》這張唱片。

做這張唱片之前，大概有兩個月的時間我跟著永豐到處跑。他的活動範圍很大，要見很多人，常常早上見民意代表，下午見種田、養蝦的人。當永豐助理的兩個月裡，經歷了好多過去沒有的生活。後來很多的創作，就來自於和這些人的對話。像《我等就來唱山歌》裡有首歌叫做：「水庫係築得屎嘛食得」（意思是：水庫要是能建的話，大便也能吃）。這是有一次遊行，一個大胖子拿著麥克風喊的兩句話，我就把它寫成歌詞。那時我很清楚：這張專輯是要為運動服務的音樂，自己本身也要運動起來。

這是什麼意思呢？

一九九八年，我的搖滾樂團在王爺廟表演，幫王爺慶生，結果唱到一半就被轟下台。因為有個醉漢騎著摩托車到台前一直指著我罵：「這種音樂怎麼能夠幫我們的王爺慶生？沒有鑼鼓、沒有嗩吶、沒有胡琴……怎麼幫我們的王爺慶生！」本來現場有四、五百人，到最後只剩下十一個人。

我的音樂回不了家

後來我跟永豐坐在河堤上喝啤酒，我跟他說：「今天有夠傷心的。」永豐說：「沒關係啦，總是會遇到。」我說：「可是我傷心的不是被轟下台，是我覺得那個人講的對，我心裡很羞愧。再這樣下去，我永遠回不了家，我的音樂回不了家……」

當時我已經用客語寫歌，可是當地人想的是，他們沒有看到熟悉的樂器。原來對於文化的想像，不是只有聽覺，還有視覺。你看到鑼鼓在打的時候，視覺感官就不一樣；看到有人在吹嗩吶，嗩吶聲一出，對美濃人來講就是大事情了。

因為這件事，在做反水庫唱片時，我覺得應該要讓自己的音樂進入美濃一般勞動大眾的生活裡，所以才用鑼鼓、嗩吶去搞這張作品。

《我等就來唱山歌》是我第一張實驗作品。我用了客家八音的打擊樂器，真的找嗩吶手來吹，所以客家、搖滾、社會抗議全都在裡頭。作品完成後才確立了自己的音樂風格。也因為這張作品，台灣很多樂評才注意到我，覺得這是全新的音樂型態。這張作品讓我得到了第一座金曲獎。記得還不清楚怎麼做這張音樂，那音樂就先在我的夢裡出現了。醒來的時候，聲音就在我的腦子裡。錄音時，我跟打擊樂手到菸樓裡討論要怎麼做，不斷動腦筋把夢想中的音樂做出來。剛錄好時，我對永豐說：「你聽，這就是我夢裡的音樂……」說完，我的眼淚就這樣啪的～掉下來，因為腦中想像的東西，成真了！這張音樂也是我轉大人的過程。

原來音樂無法改變世界和社會

反水庫運動對美濃人來講，是開庄史以來很重要的大事，改變了美濃對外的關係。反水庫運動深耕到每個鄰里，幾乎變成美濃人共同的價值。如果當時我沒遇到這些事，也沒辦法做出這樣的音樂。

那時，我一心想著音樂可以改變世界、改變社會。但過了這些年，台灣已經發展到一個地步，現在我確信，音樂無法改變世界，也無法改變社會，因為這些改變從來不是因為一張音樂作品就可以達到。改變都是來自於普羅大眾共同價值上的改變，時間到了，就改變了。

後來我的作品走向愈來愈「生活」的題材，像是《種樹》，談遊子對家鄉的樹的依戀；寫《野生》，談的是女性的生命故事，《大地書房》則是跟鍾理和的文學對話。

我也想讓自己的音樂更自由，即興的空間愈來愈大。當你所刻鑿的東西是人性共同的議題，就可以走向很多地方。我的音樂到歐洲演出，他們都聽得懂，即便講到反水庫運動，他們都可以理解，因為他們的生活裡有這些價值。

我現在對天分有一種新的理解，天分某個意涵是指我們在某個專業可以很容易發展；但另一個很重要的意涵是：有天分代表你在這個專業裡，可以扛更重的擔子、負更大的責任。對我而言，美好的生活就是可以一直做不同的東西，不要自己複製自己；可以不斷的自我挑戰，且不斷的跨越、上升。

（採訪整理．許芳菊　攝影．黃建賓／摘錄自《親子天下》第四十二期）

人物看板

今日人物：**林生祥**

- 6 年級生
- 音樂創作人
- 大三時就立定志向要作職業音樂人。
- 1999 年與好友共組交工樂團，運用客家音樂元素，使用鑼鼓、嗩吶、月琴、三弦等傳統樂器，結合搖滾樂，創作客家新民謠。
- 積極參與美濃反水庫運動，並陸續關注各種社會議題。

非常任務：

曾獲 7 座金曲獎、4 座金音獎。曾拒領金曲獎以語言分類的「最佳客語歌手」與「最佳客語專輯」，認為音樂獎項應以「類型」分類而，不是「語言」，為金曲獎有史以來拒領獎項的第一人。

人物觀點：

我現在對天分有一種新的理解，天分某個意涵是指我們在某個專業可以很容易發展；但另一個很重要的意涵是：有天分代表你在這個專業裡，可以扛更重的擔子、負更大的責任。

10 分鐘，生涯想想：

- 最近這段日子，你都把時間花在哪些事情上？
- 這些事情當中，哪些是你喜歡的？
- 當你在從事這些自己喜歡的事情時，心中是什麼感受？

延伸閱讀

《我等就來唱山歌》、《種樹》、《野生》、《大地書房》等音樂專輯皆由風潮音樂發行。

被《紐約時報》譽為「數學皇帝」的丘成桐，
畢生鑽研「卡拉比猜想」，
曾獲得數學界最高榮譽菲爾茲獎及沃爾夫數學獎，為當代最有影響力的數學家。

—— **丘成桐** 中央研究院院士

「卡拉比猜想」是我的天職

中央研究院院士——丘成桐

父親是哲學家，我從小受他影響至鉅，對哲學、文學、歷史都很感興趣。很多歷史故事令人感動，但其中的虛實，更激起我的好奇心，很想弄清楚是不是真的。我父親雖不懂數學，但對哲學思想涉獵很深，常從哲學觀點來觀察世事，也養成我抽象思考能力。十四歲那年，父親過世，家庭陷入經濟危機，我差一點就沒辦法念書，但母親堅持讓我們念下去。

那時候起，我開始擔任家教。我教書或做學問，從來不想按照既定方法教。當時，我擔任一位六年級女孩的家教，她爸爸重病，母親沒時間教導，導致她數學考零分。

當時我發現她搞不懂雞兔同籠的問題，便開始教她線性方程組。起初，家長很懷疑：「她數學考零分，你還教她更難的線性方程組，那不是更糟嗎？」但是，一個月後，她考試就拿滿分了，連原先不會解的雞兔同籠都會解了。

我雖然擔任數學家教，但從來沒把數學當維生工具。中學時，很多同學念電機，因為比較好找工作；但我堅持選擇數學，只因為對它有很大的興趣，從來沒想要賺大錢。

我對幾何有極大興趣，可以一輩子做幾何。幾何裡面最重要的觀念是：為什麼空間可以彎曲，而不是平面的？我們如果想了解空間彎曲的方法和整體的幾何關係，最重要的就是要解讀「卡拉比猜想」。

「卡拉比猜想」是由美國數學家卡拉比（Eugenio Calabi）提出，用物理的講法相當於：在封閉的空間中，如果沒有物質分布，是否仍可能存在非零重力場。

我從一九七〇年起，花了三年證明卡拉比猜想是錯的，也在一九七三年史丹佛大學舉行的研討會中談了我的想法。當我講完後，大家似乎都同意這推理很扎實，連在場的卡拉比本人也沒提出異議。

可是數個月後，卡拉比跟我聯絡，因為他對我論證裡的某些細節感到困惑。收到卡拉比的信，讓我有更大的壓力必須證明我的推論是正確的。因為壓力，我努力工作了兩個星期，把自己逼到虛脫。每次我以為快把證明搞定時，論證總會在最後一刻崩潰。

兩週的煎熬下來，我判斷應該是我的推理出了差錯。於是，我改而認定卡拉比猜想是正確的。證明對的過程，又花了我約三年的時間。

這次，我不願再冒任何風險，我已經在史丹佛丟過一次臉——在眾所矚目的場合宣稱卡拉比猜想是錯的。我檢查再檢查，用不同的方法，把證明從頭到尾核對了四次。我發誓，如果再出錯，就從此退出數學界。一九七六年，卡拉比猜想終於被我證明了，而且此後的三十餘年，也沒發現足以改變這項論斷的疑問。

研究數學　就像是在登山

我在很年輕的時候，就得到了一定的地位與榮譽。但我研究數學，並不是為了這些外來的榮譽，而是想解決歷史上還沒解決的問題。研究數學這條路，並不是我拿了博士、當了教授，就可以停止了。

我舉兩個同仁的例子，漢米爾頓（Richard Hamilton）曾經告訴我，他這輩子就是要證明「龐卡赫猜想」（Poincare conjecture）的正確性，他才能死得安心。另一個密克斯（William H. Meeks），是研究「極小流形」的學者，他一輩子都想了解肥皂泡在三維空間裡的樣子。這些人一生功夫就都放在這上面，並沒有爭取個人名利的目的。

這種感覺就像登山，遠遠看到喜馬拉雅山矗立在遠方，就很渴望上頂峰看看風景。外界的價值判斷，不論是財富或是榮譽，這些都會改變，並不是恆久的動力。

也許在登山的路上，會遭遇些挫折，但抱持正面態度的話，就不會覺得這是挫折。很多小小的失敗，其實都是為成功而鋪路，因為從失敗中可以探索出更好的方法，也可以了解學問中最精要之處。

如果選擇容易的道路，前途平坦、一望就能看到目標，那別人豈不是一樣可輕易到達。不需要把挫折看得太嚴重，學習數學沿途的挫折，並不像打仗一樣，一出錯就會死。也許這些挫折會拖慢速度，造成心裡不愉快，但其實並不嚴重。面對小挫折，習慣就好了。

（採訪整理・林韋萱　攝影・黃建賓／摘錄自《親子天下》第四十二期）

人物看板

今日人物：**丘成桐**

- 3 年級生
- 哈佛大學數學系教授、中央研究院院士
- 被《紐約時報》譽為「數學皇帝」，畢生鑽研「卡拉比猜想」，曾獲得數學界最高榮譽菲爾茲獎及沃爾夫數學獎，為當代最有影響力的數學家。

非常任務：

1976 年，解決了微分幾何中的著名難題「卡拉比猜想」；1979 年，證明「正質量猜想」：每個孤立物理系統都具有正總質量。

人物觀點：

這種感覺就像登山，遠遠看到喜馬拉雅山矗立在遠方，就很渴望上頂峰看看風景。外界的價值判斷，不論是財富或是榮譽，這些都會改變，並不是恆久的動力。

也許在登山的路上，會遭遇些挫折，但抱持正面態度的話，就不會覺得這是挫折。從失敗中可以探索出更好的方法，也可以了解學問中最精要之處。

10 分鐘，生涯想想：

- 在學校中，哪一個學科是你最拿手的？哪一項又是你最不拿手的？
- 你所拿手的科目，也是你最喜歡的嗎？為什麼？
- 如果是，你會以這個基礎做為未來努力的目標嗎？為什麼？

延伸閱讀：

《丘成桐談空間的內在形狀》遠流出版。

龐德

小學畢業拿的是「水電行獎」，
家裡有三個台大生，他卻只考上私立大學。
一個曾在父親眼中不爭氣的兒子，
緊握對汽車機械的熱愛，
拚到在社會上被稱為「專家」，擁有一片天。

—— **龐德** 007汽車網／汽車修配廠負責人

領「水電行獎」的畢業生

007汽車網／汽車修配廠負責人——龐德

我們家有三個台大生——爸爸及兩個姊姊，大姊徐薇考大學時，以全國英文科榜眼錄取台大外文系；二姊是外交官，當年是外交特考第一名。爸爸認為，「萬般皆下品，惟有讀書高」，我就是在這種家庭氣氛下長大，而且以五專生的身分插大，只考上私立大學。

小學時，我就知道自己不是塊讀書的料，覺得自己有閱讀障礙：讀第一行字時，總覺得旁邊那行字一直干擾著我。到現在我都記得，小學畢業時拿的是「水電行獎」。

從小我就對「操作」很有興趣，而且對「機械」有天分，是媽媽修理燈泡時的小幫手。媽媽常開著一台「手排」車載我到處跑，我坐在駕駛座旁，憑著引擎聲就能判斷現在該入哪個排檔，並幫媽媽打檔。

除了課業，爸爸還很重視我們「膽識」與「口語表達」的訓練。小學時，學校每週一次會安排一位學生在全校朝會上演講。我小六有一段時間，連續六個星期都被叫上台演講，事後才知道，原來是爸爸特意拜託學校讓我有這個機會。

我的自信心跟著成績一起跌落深淵

上了國中，我的課業完全跌入谷底，爸爸費盡心思、用盡關係，讓我能在所謂的A段班就讀。當時班級的座位按成績排名，成績愈好，位置愈前面。到了國三，我坐在最後一排，為了考試及格不被老師打，我天天作弊；因為功課爛，還成為被霸凌的對象，我的自信心跟著成績一起跌落萬丈深淵。

理所當然我考不上高中。當時大姊上台大、二姊是北一女的學生，親戚間聚會，問及姊姊們的學業成就，爸爸語氣、神情都很驕傲；話題轉到我，爸爸只有一句話：「沒什麼好講的，大家吃飯。」

即使我只考上光武工專，爸爸還是覺得「排名」最重要。當年我可以選填電機、機械、化工科，按自己的興趣與專長，當然想填機械科；但是，爸爸要求我念電機科，因為那是全校的第一志願。

幸好，那是所重視社團活動的學校。脫下升學考試的壓力後，我的潛能在社團活動中完全展現。小學高年級時，我本來就是合唱團的指揮，還會打鼓；專科時，我拚了命的玩社團，軍歌校隊指揮、英文演講比賽還拿了全校第一名。那時候也開始玩遙控飛機，買零件自己組裝。不要小看遙控飛機，要操控得好，其實需要不少力學、物理知識，我當時還當上了航空模型社的社長。

專科時期，只要有上台表演的機會，我都會爭取。這要感謝爸爸的訓練，舞台上的膽識和表達能力，都是童年在司令台上磨出來的。

材料行老闆很納悶……

由於台風穩、口條清晰、在團體中有說服力及感染力，我常替學校爭光，校長會在公開集會中給予表揚。我成了校園裡的風雲人物，找回了自信，也開始回頭專注自己熱愛的汽車機械。那時常跑去重慶南路書店買汽車相關書籍，從引擎開始，一個零件就是一本書；當年那種書的印刷品質不好，有的圖片還糊糊的，我就這樣一本一本的讀。

直到專三，我拆了一台車，想重新改裝。我到汽車材料行買引擎皮帶、活塞環……老闆很納悶，一個學生怎麼買得這麼專業。

我有很好的技術、很豐富的汽車機械知識，可以幫人改裝車子，而且改的都是名牌車。坦白說，收入很好，比一般上班族好很多。但是，在台灣的環境下，黑手沒有社會地位，即使今天我被稱為「汽車專家」，還是會遺憾自己沒有念書的天分。

但是，不會念書不代表這個人一無是處。我如果想不開，一直執著於自己不會念書，拚命想達成爸爸對「讀書高」的期望，今天就不會有龐德這位汽車專家，可以透過廣播、電視、部落格、手機App、出書，來分享我的專業，教大家實用的汽車保養常識，避免被汽車保養廠坑錢。

我從專科的社團多元經驗中學到：人的可能性很多，關鍵在於你有沒有讓自己暴露在多種的經驗與機會之下。當千奇百怪的機會來到面前，你選擇接受還是拒絕？我的選擇都是勇敢嘗試，只有試了，才能發現過去不曾看見的自己。

即使失敗了，也沒有損失，至少知道自己不能做什麼。就像我當過電視記者，那段經歷讓我了解，電視記者的工作違背自己的性格。當時辭職還被姊姊罵：「一個私立大學生，和人家台大、政大的同事比起來，能考進去運氣很好了，不好好珍惜還要辭職。」但我執意離開，因為心裡很清楚，再怎麼努力，這輩子都不會成為一位優秀的電視記者。

曾有個勇敢爭取機會的經歷，影響我一生。入伍時，我在飛彈指揮部接受為期一個月的新兵訓練，那裡簡直是人間煉獄。新訓結束後，我們要被分發到全台各地的飛彈基地，但安置飛彈的地方都是山之涯、海之邊，異常偏遠，我心想：「新訓的環境都這麼苦，一旦下部隊，肯定過的不是人的生活。」

菜鳥兵向將軍「討機會」

當我打聽到有個基地是「淡水」靶勤隊，飛彈是用「遙控」的，我只花了五分鐘，就決定要讓自己分發到這個基地；而且要利用新訓最後一天中將點名時，親自開口向中將爭取，講到他完全沒有拒絕的餘地。為此，我三個晚上沒睡覺，一直在背台詞。

那一天終於來了，中將喊到我的名字時，我一字不漏的說出背了三晚的台詞：「下兵鄭呈軒有件重要的事情要和指揮官報告，下兵自學生時代對於大型遙控飛機有專精的研究，也參加過全國遙控飛機比賽，得到優異的名次。如果能將下兵分發到淡水靶勤隊，我相信一定能貢獻所學、報效國家！」

語畢，全場氣氛凝結。我至今都不知道當時哪來的膽識，一個菜鳥兵對著將軍這麼說話，一不小心是要關禁閉的。沒想到中將驚訝的看著我，隨即問上校，淡水靶勤隊還有沒有空缺。於是，我順利分發到想去的單位，事後上校致詞還誇讚我毛遂自薦的行為。

像我們這種人會覺得「天生會讀書的人佔盡優勢」，可是我從找機會、爭取機會，在參與每一次的機會中，明白自己可以做什麼、不可以做什麼，逐漸為自己的生命找到了出路。面對和我一樣不會念書的大兒子，我也是這麼教他：「機會來了，勇敢去試，不論成功或失敗，都會看見最真實的自己。」

（採訪整理．陳珮雯　攝影．楊煥世／摘錄自《親子天下》第四十二期）

人物看板

今日人物：**龐德**

- 5 年級生
- NEWS98 電台《汽車俱樂部》節目主持人、007 汽車網／汽車修配廠負責人
- 主持廣播節目《汽車俱樂部》，一做就是 7 年，受歡迎的程度讓他成了電視通告的常客。

非常任務：

透過廣播、電視、部落格、手機 App、出書，教大家實用的汽車保養常識，成為家喻戶曉的汽車專家。

人物觀點：

人的可能性很多，關鍵在於你有沒有讓自己暴露在多種的經驗與機會之下。當千奇百怪的機會來到面前，你選擇接受還是拒絕？我的選擇都是勇敢嘗試，只有試了，才能發現過去不曾看見的自己。我從找機會、爭取機會，在參與每一次的機會中，明白自己可以做什麼、不可以做什麼，逐漸為自己的生命找到了出路。

10 分鐘，生涯想想：

- 你曾經努力爭取過什麼機會嗎？那是什麼樣的場合？
- 你有曾經很想做什麼，但卻沒有努力爭取，機會就溜走了？
- 承上題，當機會溜走時，你會感到後悔嗎？為什麼？

延伸閱讀：

《龐德汽車俱樂部——隨車放一本，時刻保平安》旗標出版。

身為迪士尼知名動畫長片《花木蘭》的角色造型推手，張振益圓了自己從小的夢。他很早就知道自己愛什麼，而且，從來沒有想要放棄過。

—— **張振益** 動畫角色造型設計師

夏日午后，十五歲少年的動畫夢

動畫角色造型設計師——張振益

事隔多年，我仍清楚記得，那個奇妙的夏日午后。

那是高中聯考完的隔天。十五歲的我，在電話簿裡查到了宏廣卡通公司的地址，隨即跳上公車，就這樣跑到人家公司門口毛遂自薦，天真爛漫的說：「我想畫卡通！」可能做這個行業的人，都有點童心吧，那個宏廣的叔叔並沒有把這個冒失的小鬼打發走，還拿出史酷比狗（Scooby doo）的造型表，「喏，你畫畫看。」嘿，別的我沒把握，看圖依樣畫葫蘆照抄，我可是一把罩。

就這樣，我變成了宏廣的「地下實習生」。開學前的那兩個月，我每天都去宏廣報到，每天都有用不完的免費紙筆可以畫。對一個喜歡卡通的孩子來說，這個暑假，真是太夢幻了！

或許，那可以說是我動畫生涯的起步吧？

現在，搞動畫聽起來很酷、很夯，但七〇、八〇年代的台灣，並沒有所謂的「動畫產業」。那時候甚至連「動畫」這名詞都還沒有，只有「卡通」公司；而且，多半只能幫國外代工，極少原創。但，即使在這樣貧瘠的環境裡，我仍確信，這個綺麗的世界，是我這輩子的歸屬。

彩色世界　帶我逃離現實的烏托邦

我從小就很喜歡畫畫。老家在木柵山上，以前的老房子前面都會有「埕」，那是一大片用來曬穀子的空地。我國小的時候，很喜歡拿破掉的瓦片在埕上亂塗鴉，一畫就是一大片。畫的題材，都是電視上的卡通人物，像是孫悟空、太空飛鼠、大力水手……等。

我爸是個卡車司機，我們家境雖然還不到清寒的地步，但實在也不寬裕。不過，爸爸對新事物的接受度很高，雖然資源不多，還是會把錢花在一些非必要的東西上頭，不但常買《讀者文摘》回家，我家也是村子裡第一個擁有電視的家庭。

電視對我的童年來說，真的是太重要了，它讓我看到了另一個世界。當年，迪士尼有個節目叫做《彩色世界》，我對它極其著迷。每個星期最期待的事情，就是打開電視，等待片頭那個小精靈飛出來，揮舞魔棒「叮」的一聲，領我進入一個不可思議的美麗新世界。

我的童年，其實不是很快樂。阿嬤有肺結核，可是爸媽為了養家，白天都得工作，我是老大，下面還有五個弟妹，照顧阿嬤的責任，於是落在我身上。當別的孩子在玩耍時，我不是要照顧「老小」，就是要做家事。對一個小男孩來說，這樣的日子，實在是有點灰暗。

而且，我家跟當時的許多人家一樣，都採打罵教育。阿嬤久病脾氣不好，爸爸也動不動就大小聲，我有樣學樣，當弟妹不聽話時，我也拉開嗓門吼他們。

感覺起來，我的童年生活中，好像總是充斥著咆哮，瀰漫著藥物、老人與疾病的氣味。可是，《彩色世界》裡鳥語花香、載歌載舞，故事中的人們，總是父慈子孝、兄友弟恭，主角都跟動物夥伴們心有靈犀，一起解決困難，迎向光明……

那是一個跟「我的世界」截然不同的「理想世界」。我想，之所以那麼愛看《彩色世界》，或許是因為在那個當下，可以短暫逃遁到它所刻畫的那個烏托邦吧？

不只是喜歡「看」而已，我甚至想成為那個世界的創造者。

十一歲時，我在《漫畫大王》雜誌上看到有家卡通公司叫做「上上」，就按著地址找了過去。可是那天剛好是週日，大門深鎖。我踮起腳尖，從鐵捲門的信件投遞口窺視，在微光中，隱約可以看見室內放置了好幾張製圖用的大桌子，那就是卡通的製造地吧？

雖然那次無功而返，但我一直沒有忘記這個場景。我真的很想知道，在那種地方畫圖的感覺是什麼，所以，才會在十五歲那年，跑去敲宏廣的門。

青春的紀念 一封電報看到生命的出口

國中畢業後，實在不想再去面對另一場聯考戰爭，於是棄普通高中、選擇台北工專，念的是跟美術八竿子打不著關係的土木工程。

說實話，我對土木真的毫無興趣。工專五年，課業只求低空飛過，全部心思都放在社團和卡通上。每年寒暑假，我都到宏廣或遠東卡通公司報到，一開始只是實習生身分，後來就變成打工，幫他們畫「介間動畫」（in-between）。

五專最後一年，我心中充滿「一事無成」的挫敗感。說社團嘛，搞電影社、國樂社雖然開心，但說到底也只是學會皮毛，沒弄出什麼名堂來；說愛情嘛，苦苦追求的女孩，到頭來還是沒追到，情場失意；說課業嘛，土木本科的功課爛得一塌糊塗，未來絕無可能、也不想要以此維生。回首那五年，還真的是一無可誇。

我不願這五年就這樣徒留空白，我唯一會的、唯一愛的，就是動畫，所以，我決定要拍一部動畫片來紀念青春歲月，就當做是這五年的一個里程碑吧！

於是，在同學們苦K三民主義考預官的時候，我則是每天只睡兩、三個小時，幾乎是著魔一般，拚命拍我的動畫短片。

為了做這部動畫，我的身心都瀕臨極限。有一天晚上，不知是夢魘還是幻覺，腦海中浮現大批面目猙獰、赤條條的男男女女，像蛆一樣萬頭攢動、翻騰匍匐……我在極度驚恐中被嚇醒，出了一身冷汗。我想，如果真有地獄，大概就是長那樣吧？

這部讓我徘徊在「地獄」邊緣的短片，可惜還是未能如願在畢業前趕出來，但至少還是有個收穫：因為拍片需要技術協助，結識了一個世新攝影科的紅粉知己，這個女孩，後來成為我的女朋友，更後來，甚至成為我的妻子。人生的際遇，還真是很難說。

而且，那部短片《兒時印象》也沒讓我失望，獲得金穗獎第一名。知道得獎那天，我還在當兵，吃晚飯時，長官通知有電報，我差點沒嚇死，以為家人出了什麼意外才會十萬火急拍電報來。後來知道原來是得獎了，整個情緒從大憂轉為大喜！一路大叫大跳，像瘋了一樣。

這個獎對我來說很有意義，因為，我好像看到了生命的出口，那個出口，就是動畫。

美夢成真　克難度日，但我真的好快樂

以前曾在《讀者文摘》上看到一篇關於迪士尼的文章，文中提及加州藝術學院有訓練角色動畫人才。那本雜誌，我一直收藏著，當做是一個目標。

二十六歲那年，我總算勉強湊到了第一年的學費，圓了這個夢。我只有一年的錢，得當兩年來花，日子過得非常克難。有很長一段時間，我一餐的伙食費只有一美元；為了省紙，每張紙都是正反面畫到毫無留白處才作廢。

為了撙節生活開銷，有一個暑假，我跟我老婆甚至偷偷住在學校的畫室裡。我們有個很棒的畫家朋友，學校有配給他一間畫室，他知道我們有困難，就讓我們暫住在那兒。因為要在裡頭起居，我們還拿報紙把落地窗糊上，兩人就這樣在這間斗室裡湊合度日。

物質生活雖窘迫，但因為是學自己鍾愛的東西，還是覺得好快樂好快樂。我在加

▲ 動畫《花木蘭》的整體角色設計，讓張振益勇奪動畫界奧斯卡的「魯本獎」。

州藝術學院遇到了 Glen Vilppu、Mike Giamo 等許多大師級的老師，那是一種「灌頂式」的學習，一年就抵得上過去自己摸索的十年。

在那裡，我學會一個很重要的觀念：「美」這種東西，不是虛無縹緲的感性偶然，而是經過千錘百鍊的理性產物。當然，美必然帶有高度的感性成分，但它是可以被分析的一種「專業」，所有可稱之為經典的作品，必然都是經過縝密思考、不斷琢磨的結果。

動畫之路大開　「看」迪士尼到「做」迪士尼

一九九一年，迪士尼要在全美國的美術學校挑選六個學生到佛羅里達實習，我非常幸運的雀屏中選，進了從小就夢寐以求的動畫天堂。實習了三個月以後，迪士尼提供了一個做介間動畫的工作給我。雖然我需要錢、也真的很想留在迪士尼，但做介間動畫並不是我的目標，還是忍痛婉拒了。

那一年，除了迪士尼以外，華納也有到我們學校選秀，有位導演很喜歡我的作品。我回洛杉磯後，就主動打電話給他，透過他的介紹，進了《蝙蝠俠》的團隊。原本，我只是想當個構圖師就好，薪水多寡，我也不在意，只要有就好了。沒想到，華納竟然提供給我更高階的造型設計師工作！

從那以後，我的動畫之路算是大開了。一九九三年，迪士尼打算把中國民間故事「花木蘭」改編成動畫，他們邀請我擔任角色造型的工作，我長久以來的夢想，總算是實現了。何其有幸，我進迪士尼的時間點，正好恭逢了動畫文藝復興的全盛年代，讓我有機會跟業界最頂尖的人一起共事，創造無數個美麗新世界，這真的是一個太迷人的工作了。

我在美國待了二十幾年，接下來，想回到我成長的這片土地上。有人問我：你難道不知道台灣的動畫環境沒有美國好嗎？為什麼要回來淌這渾水？我當然知道，可

▲ 張振益（左）在美國工作期間，結識一群動畫圈高手，圖右為《花木蘭》的故事畫師 Dean Deblois。

是，未來十年，是台灣發展動畫的關鍵期，我想要為台灣的動畫產業做一些事情。

或許，也是想為當年那個夏日午后，站在宏廣門口、渴望能一窺動畫堂奧的十五歲少年，盡一份心意吧。

（採訪整理・李翠卿　攝影・黃建賓　圖片提供・張振益／摘錄自《親子天下》第四十二期）

人物看板

今日人物：**張振益**

- 5 年級生
- 動畫角色造型設計師
- 前迪士尼角色造型總監

非常任務：

曾以迪士尼動畫長片《花木蘭》的整體角色設計，獲得動畫界奧斯卡的「魯本獎」。

人物觀點：

我唯一會的、唯一愛的，就是動畫，所以，我決定要拍一部動畫片來紀念青春歲月！那部短片《兒時印象》也沒讓我失望，獲得金穗獎第一名。這個獎對我來說很有意義，因為，我好像看到了生命的出口，那個出口，就是動畫。

10 分鐘，生涯想想：

- 現在的生活中，最令你苦惱的事情是什麼？
- 這件事情，會讓你對於未來的目標有所改變嗎？
- 你有解決這個苦惱的方法？或者你會跟家人討論這個苦惱嗎？為什麼？

〔企劃緣起〕

成長與學習必備的元氣晨讀

親子天下執行長　何琦瑜

二十年前，大塚笑子是日本普通高職的體育老師。在她擔任導師時，看到一群在學習中遇到挫折、失去學習動機的高職生，每天在學校散漫恍神、勉強度日，快畢業時，才發現自己沒有一技之長。出外求職填履歷表，「興趣」和「專長」欄只能一片空白。許多焦慮的高三畢業生回頭向老師求助，大塚老師鼓勵他們，可以填寫「閱讀」和「運動」兩項興趣。因為有運動習慣的人，讓人覺得開朗、健康、有毅力；有閱讀習慣的人，就代表有終生學習的能力。

但學生們還是很困擾，因為他們根本沒有什麼值得記憶的美好閱讀經驗，深怕面試的老闆細問：那你喜歡讀什麼書啊？大塚老師於是決定，在高職班上推動晨間閱讀。概念和做法都很簡單：每天早上十分鐘，持續一週不間斷，讓學生讀自己喜歡的書。一開始，為了吸引學生，她會找劇團朋友朗讀名家作品，每週一次介紹好的文學作家故事，引領學生逐漸進入閱讀的桃花源。

沒想到不間斷的晨讀發揮了神奇的效果：散漫喧鬧的學生安靜了下來，他們上課比以前更容易專心，考試的成績也大幅提升了。這樣的晨讀運動透過大塚老師的熱情，一傳十、十傳百，最後全日本有兩萬五千所學校全面推行。正式統計發現，近十年來日本中小學生平均閱讀的課外書本數逐年增加，各方一致歸功於大塚老師和「晨讀十分鐘」運動。

臺灣吹起晨讀風

二〇〇七年，《親子天下》出版了《晨讀十分鐘》一書，透過雜誌分享晨讀運動的影響與策略，找到大塚笑子老師來臺灣分享經驗，獲得極大的迴響。我們更進一步和教育部合作，募集一百所晨讀種子學校，希望用晨讀「解救」早自習，讓孩子一天的學習，從閱讀自己喜歡的一本書開始暖身。

推動晨讀運動的過程中，我們發現，對於剛開始進入晨讀，沒有長篇閱讀習慣的學生，特別是少年讀者，的確需要一些短篇的散文或故事，幫助他們起步，在閱讀中有盡興的成就感。這些短篇文字絕不能像教科書般無聊，也別總是停留在淺薄的報紙新聞，才能讓新手讀者像上癮般養成習慣。如果幸運的遇到熱愛閱讀的老師和家長，一些有足夠深度的文本還能引起師生、親子之間，餘韻猶存的討論。

這樣的需求，激發出【晨讀十分鐘】系列的企劃。在當今升學壓力下，許多中學生每天早上到學校，迎接他的是考不完的測驗卷。我們希望用晨讀打破中學早晨窒悶的考試氛圍。每日定時定量的閱讀，不僅是要讓學習力加分，更重要的是讓心靈茁壯、成長。

在學校，晨讀就像是在吃「學習的早餐」，為一天的學習熱身醒腦；在家裡，不一定是早晨，任何時段，每日不間斷、固定的家庭閱讀時間，也會為全家累積生命中最豐美的回憶。

【晨讀十分鐘】系列，透過知名的作家、選編人，為少年兒童讀者編選類型多元、有益有趣的好文章。這個系列創始至今七年，我們邀請了學養豐富的各領域作家、專家、達人，例如張曼娟、廖玉蕙、王文華、方文山、楊照、劉克襄、殷允芃等，編撰出共二十九本，不同主題、類型文章的選文集。

每天一篇人物故事，讓孩子勇敢成為自己

二〇一七年的【晨讀十分鐘】新企劃，把選文關注的領域擴張到文學之外，特別邀請臺灣大學電機系教授，同時身兼創業家的葉丙成，選編《我的成功，我決定》，精選二十二個「非典型成功」人物故事，重新探問「成功」的定義。

長期的應試教育，培養出一整代缺乏自我探索，只為考試和成績讀書的年輕人，拿掉考試

與成績，離開學校與學歷，學生們便不知為何而學？如何定義自己的成功？如何找到人生的意義感？

透過選文的架構，長期關注年輕世代的葉丙成，想要打破舊時代對於「成功」等於「學歷」或「名利」的追求窠臼，突顯新時代的三個成功方程式：從興趣和天分出發，在失敗中學習前進，找到利他的社會貢獻。在二十二個人物故事中，動人的片刻，不是成功帶來的權力或結果，而是在歷程中，主角們如何反思失敗的意義，在不被理解的挫折時挺身而進，在為理想搏鬥的痛苦中突圍而出。

在議題戰場延燒對立的二〇一七年，我們也特別邀請專研閱讀策略與閱讀理解、現任品學堂總編輯黃國珍老師，選編《你的獨特，我看見》，希望引領少年認識世界的多元，同理他人的情感，學習尊重並理解看似對立的「差異」。

我們希望，在臺灣社會從單一價值到多元價值、衝突不斷的轉型過渡期中，透過閱讀提供給少年讀者多元的觀點與寬闊的胸懷，讓下一代更有勇氣「成為」他自己，也懂得接納不一樣的他人。

推動晨讀的願景

在日本掀起晨讀奇蹟的大塚老師，在臺灣演講時分享：「對我來說，不管學生在哪個人生階段……，我都希望他們可以透過閱讀，讓心靈得到成長，不管遇到什麼情況，都能勇往直前，這就是我的晨讀運動，我的最終理想。」

這也是【晨讀十分鐘】這個系列叢書出版的最終心願。

—推薦文—

晨讀十分鐘，改變孩子的一生

■國立中央大學認知神經科學研究所教授　洪蘭

古人從經驗中得知「一日之計在於晨」，今人從實驗中得到同樣的結論，人在睡眠的第四個階段會分泌跟學習有關的神經傳導物質，如血清素（serotonin）和正腎上腺素（norepinephrine），當我們一覺睡到自然醒時，這些重要的神經傳導物質已經補充足了，學習的效果就會比較好。也就是說，早晨起來讀書是最有效的。

那麼為什麼只推「十分鐘」呢？因為閱讀是個習慣，不是本能，一個正常的孩子放在正常的環境裡，沒人教他說話，他會說話；一個正常的孩子放在正常的環境，沒人教他識字，他是文盲。對一個還沒有閱讀習慣的人來說，不能一次讀很多，會產生反效果。十分鐘很短，只有一個小時的六分之一而已，對小學生來說，是一個可以忍受的長度。所以趁孩子剛起床精神好時，讓他讀些有益身心的好書，開啟一天的學習。好的開始是成功的一半，從愉悅的晨間閱讀開始一天的學習之旅，到了晚上在床上親子閱讀，終止這個歷程，如此持之以恆，一定能引領孩子進入閱讀之門。

新加坡前總理李光耀先生看到閱讀的重要性，所以新加坡推〇歲閱讀，孩子一生下來，政府就送兩本布做的書，從小養成他愛讀書的習慣。凡是習慣都必須被「養成」，需要持久的重複，晨讀雖然才短短十分鐘，卻可以透過重複做，養成孩子閱讀的習慣。這個習慣一旦養成後，一生受用不盡，因為閱讀是個工具，打開人類知識的門，當孩子從書中尋得他的典範之後，父母就不必擔心了，典範能讓他自動去模仿，就像拿到世界盃麵包大賽冠軍的吳寶春說：「我以世界冠軍為目標，所以現在做事就以世界冠軍為標準。冠軍現在應該在看書，不是看電視；冠軍現在應該在練習，不是睡覺……」，當孩子這樣立志時，他的人生已經走上了康莊大道，會成為一個有用的人。

晨讀十分鐘可以改變孩子的一生，讓我們一起努力推廣。

—推薦文—

隨著認知能力發展，青少年需要不一樣的讀物

國家教育研究院院長　柯華葳

青少年要讀什麼？根據閱讀發展，一般青少年可以透過閱讀學習，讀兒童的圖畫書，讀成人的科普、言情小說，或是其他以他們為對象所寫的作品，他們什麼都可以讀。

從成長與需求來說，青少年生理上會轉變為大人，認知上同樣會轉變。明顯的行為表現在他們回嘴、不在乎和不屑的表情上。一些特徵如：為辯論而抬槓、驟下結論、堅持自己的權利、故意找麻煩以及誇張的言行。青少年行為與思考上的改變是因為認知上他們可以同時處理多件事務，形成假設思考，以符號進行抽象思考並隱藏情緒。這樣的發展使他們不再滿足於單一的答案。青少年自然會質疑成人提出的是非標準與價值觀。同時，他們也看不起類似兒童的思考與行為，取笑他人幼稚就是一例。

因此，青少年的讀物在內容、結構上需要複雜些，才能引起他們認知上的共鳴。他們可以閱讀

一篇呈現不同觀點的文章，或是針對同一議題以不同觀點寫的多篇文章。青少年不但可以讀不同論點的文章，還可以分析、綜合及批判所讀到的文章。

如前面所述，青少年什麼都可以讀，因為他們的認知發展能力，已經足以批判讀物。不過，為了吸引許多有能力卻沒興趣閱讀的青少年，天下邀請張曼娟、王文華、廖玉蕙三位關心閱讀的超人氣作家，為青少年學子編選了三本文集，包括成長故事、人物故事和幽默散文。書中所選作家都是最重要的作家，不讀他們的著作便顯得無知。所選人物則是一等一人物，不知道他們的事蹟，更是無知。至於幽默，非思考複雜的人，不容易掌握其中訣竅。幽默是透過轉注、假借甚至跨領域做暗喻。兒童知道什麼好笑，但不易理解幽默。青少年的認知能力提升，當可體會文中趣味。而成長和人物故事都涉及由不同角度來讀一個人或一段事蹟，此時青少年的分析與批判能力就派上用場了。

【中學生晨讀10分鐘】系列，還加入了「元氣早報」的設計，更能吸引中學生閱讀。這些文章不長，文字不深奧，但請讀者不要三兩下翻完，就覺得讀過了。建議大家養成一個習慣，慢慢讀，或許只需要三、五分鐘，然後，闔上書，安靜一下（心中默數1至30），接著問自己：讀到什麼、作者想說什麼以及自己對作者有什麼想法。若是在班級進行晨讀，請老師也放下手邊工作和學生一同閱讀。讀完後，同樣先保持沉默，這十分鐘請盡量留給學生閱讀與交流。謝謝老師。

晨讀10分鐘系列 026

[中學生]
晨讀10分鐘
生涯探索故事集

國家圖書館出版品預行編目(CIP)資料

晨讀10分鐘：生涯探索故事集 / 陳建州等作
；何琦瑜主編. -- 第一版. -- 臺北市：
天下雜誌, 2014.04
247面；14.8x21公分
ISBN 978-986-241-856-7(平裝)

1.生活指導

177.2　　103004975

主編｜何琦瑜
作者｜陳建州、林生祥、羅文嘉等
插畫｜陳姝里
責任編輯｜周彥彤
美術設計｜黃育蘋
行銷企劃｜葉怡伶

發行人｜殷允芃
創辦人兼執行長｜何琦瑜
副總經理｜林彥傑
總監｜林欣靜
版權專員｜何晨瑋、黃微真

出版者｜親子天下股份有限公司
地址｜台北市104建國北路一段96號4樓
電話｜（02）2509-2800　傳真｜（02）2509-2462
網址｜www.parenting.com.tw
讀者服務專線｜（02）2662-0332　週一～週五：09:00~17:30
讀者服務傳真｜（02）2662-6048
客服信箱｜bill@.cw.com.tw
法律顧問｜台英國際商務法律事務所・羅明通律師
製版印刷｜中原造像股份有限公司
總經銷｜大和圖書有限公司　電話：（02）8990-2588

出版日期｜2014年4月第一版第一次印行
　　　　　2021年8月第一版第二十一次印行
定　　價｜280元
書　　號｜BCKCI026P
ISBN｜978-986-241-856-7（平裝）

訂購服務
親子天下Shopping｜shopping.parenting.com.tw
海外・大量訂購｜parenting@cw.com.tw
書香花園｜台北市建國北路二段6巷11號　電話（02）2506-1635
劃撥帳號｜50331356 親子天下股份有限公司